Ansgar Lorenz | Antonio Roselli · Umberto Eco

Bibliografische Information der Deutschen Nationalbibliothek

Die Deutsche Nationalbibliothek verzeichnet diese Publikation in der Deutschen Nationalbibliografie; detaillierte bibliografische Daten sind im Internet über http://dnb.d-nb.de abrufbar.

Koninklijke Brill BV umfasst die Imprints Brill, Brill Nijhoff, Brill Schöningh, Brill Fink, Brill mentis, Brill Wageningen Academic, Vandenhoeck & Ruprecht, Böhlau und V&R unipress.

www.brill.com
E-Mail: info@fink.de

Einbandgestaltung: Ansgar Lorenz

Herstellung: Brill Deutschland GmbH, Paderborn

ISSN: 2702-6833
ISBN: 978-3-7705-6946-5 (paperback)
ISBN: 978-3-8467-6946-1 (e-book)

Ansgar Lorenz | Antonio Roselli

Umberto Eco

Philosophische Einstiege

BRILL | FINK

Eine erste Annäherung

Umberto Eco (1932–2016) ist vielen als Romanautor bekannt. Dabei wird leicht übersehen, dass er beim Erscheinen seines literarischen Erstlingswerks bereits ein renommierter Akademiker, öffentlicher Intellektueller, Lektor und Publizist war, der seit Ende der 1950er Jahre mit seinen Veröffentlichungen und Debattenbeiträgen wesentlich zu einer Erneuerung des italienischen Kulturbetriebs beigetragen hat. Nach einem Philosophiestudium in Turin, das maßgeblich und nachhaltig durch seinen akademischen Lehrer Luigi Pareyson (1918–1991) geprägt wurde, einer Phase als Aktivist in der katholischen Jugendbewegung, aus der er aufgrund der zunehmend konservativen Ausrichtung 1954 austreten wird, und einer Zeit als Mitarbeiter bei der RAI (Radiotelevisione italiana – der staatlichen italienischen Fernsehanstalt) sowie als Lektor und Programmleiter im Verlag Bompiani, erhielt er – nach verschiedenen Etappen an italienischen Universitäten – 1975 den Ruf auf den Lehrstuhl für Semiotik an der Universität von Bologna. Diese Disziplin wird er durch die Veröffentlichung von Grundlagenwerken, der Gründung von Zeitschriften und wissenschaftlichen Gesellschaften über die Jahre auf internationaler Ebene wesentlich mitgestalten.

Literarische Erfolge

1980, ganz überraschend, dann der Welterfolg. Gleich mit seinem ersten Roman *Il nome della rosa* (dt. *Der Name der Rose*) gewann Eco einige international renommierte Literaturpreise. Mit der Zeit entwickelte sich die im Mittelalter spielende Geschichte über die Aufklärung mysteriöser Morde in einem Kloster zu einem *Longseller*, mit Übersetzungen in 40 Sprachen, weltweit mehr als 50 Millionen verkauften Exemplaren sowie verschiedenen Adaptationen für das Kino, fürs Fernsehen, als Comic und als Oper. Die Einordnung dieses postmodernen Romans fällt nicht leicht – und wahrscheinlich liegt genau darin einer der Gründe für seinen Erfolg: Historischer Roman, Kriminalgeschichte, philosophischer Roman. Für alle Leser*innen ist etwas dabei!

Die Romane

Seine weiteren Romane variieren, mit wechselndem Erfolg, dieses ‚Rezept': *Il pendolo di Foucault* (1988, dt. *Das Foucaultsche Pendel*), *L'isola del giorno prima* (1994, dt. *Die Insel des vorigen Tages*), *Baudolino* (2000, dt. *Baudolino*), *La misteriosa fiamma della regina Loana* (2004, dt. *Die geheimnisvolle Flamme der Königin Loana*), *Il cimitero di Praga* (2010, dt. *Der Friedhof in Prag*) und *Numero Zero* (2015, dt. *Nullnummer*). In allen diesen Romanen werden philosophische Fragen mal in einem historischen Setting, mal in der Gegenwart, als Abenteuer- oder Kriminalromane verhandelt.

Eco als öffentliche Figur – Publizistik und …

Einem breiteren Publikum sind nicht nur Ecos Romane bekannt, sondern auch jene Werke, in denen er seine verstreuten Aufsätze sowie eine beachtliche Anzahl an Zeitungs- und Zeitschriftenartikeln versammelt hat: „Essays und Glossen zur Chronik der laufenden Ereignisse, Einmischungen ins Zeitgeschehen, praktische Formen einer Semiologie des Alltags". Gekennzeichnet durch Witz, Ironie und Polemik, sind diese Texte Beispiele für eine angewandte Semiotik, die sich mit den Alltagsphänomenen und der Massenkultur genauso auseinandersetzt wie mit weltpolitischen Ereignissen und etablierter Kunst. Zugleich sind sie Ausdruck einer „Aufklärungsarbeit", die einen breiten Kreis an Leser*innen außerhalb der *scientific community* die unterschiedlichsten gesellschaftlichen Phänomene durch eine semiotische Brille kritisch zu entziffern lehrt. So treibt Eco eine „semiotische Alphabetisierung" voran, die zur Entlarvung der Manipulationsstrategien der Massenmedien beiträgt. Seine Zusammenarbeit mit italienischen Tageszeitungen geht bis ans Ende der 50er Jahre zurück. Später werden u.a. noch die *ZEIT*, die *Frankfurter Allgemeine Zeitung* oder *El País* hinzukommen.

... politisches Engagement

Davon nicht zu trennen ist Ecos politisches Engagement. In seinem Selbstverständnis als kritischer Intellektueller unterstützte Eco 1963 den *Partito Socialista Italiano* (PSI) und 1968 den *Partito Socialista Italiano di Unità Proletaria* (PSIUP). Er beteiligte sich auch an verschiedenen öffentlichen Aktionen, etwa indem er Appelle und Petitionen initiierte oder mit unterschrieb, die sich für die Demokratie und gegen den Populismus (Silvio Berlusconis und anderer) engagierten. Dazu gehörte ein Plädoyer für die Sterbehilfe, ausgehend vom konkreten Fall der Wachkomapatientin Eluana Englaro, ebenso wie die Mitbegründung einer Initiative des Vereins „Libertà e Giustizia", dessen Name an die antifaschistische Widerstandsgruppierung „Giustizia e Libertà" angelehnt ist.

Die intellektuelle Funktion

In seinen kritischen Auseinandersetzungen mit den politischen Ereignissen und mit den verschiedensten gesellschaftlichen Phänomenen übt Eco eine intellektuelle Funktion aus, die er selbst immer wieder zum Gegenstand von Interventionen und Reflexionen macht. So greift er z.B. auf Überlegungen des italienischen Rechtsphilosophen Norberto Bobbio (1909–2004) zurück, die dieser 1955 in seiner Essaysammlung *Politica e cultura* ausgeführt hat, um die Funktion des Intellektuellen zu bestimmen.

Bescheidenheit: Der Intellektuelle darf sich nicht als ‚Gewissen' der Nation oder als „Erzieher der Menschheit" begreifen (Eco greift hier eine Formulierung des bekannten Philosophen Johann Gottlieb Fichte auf), sondern muss, wie Bobbio bereits in den 50ern geschrieben hat, „heute mehr denn je, Zweifel [...] säen, nicht Gewißheiten [...] ernten". Bescheidenheit wird somit zu einer zentralen Charakteristik des Intellektuellen.

Kreativität: Eine „intellektuelle Funktion“ wird ausgeübt, wenn man „mit dem Kopf arbeitet oder mit den Händen denkt“ und so „kreativ zum gemeinsamen Wissen und zum kollektiven Wohl beiträgt“ (im Unterschied zur „intellektuellen Arbeit“, bei der man „mehr mit dem Kopf als mit den Händen“ arbeitet). Die „kreative Tätigkeit“ produziert „etwas noch nie Dagewesenes“, was aber nicht von kurzer Dauer ist, sondern von einer Gemeinschaft aufgenommen und weiterentwickelt wird, um zum „kollektiven Erbe“ zu werden.

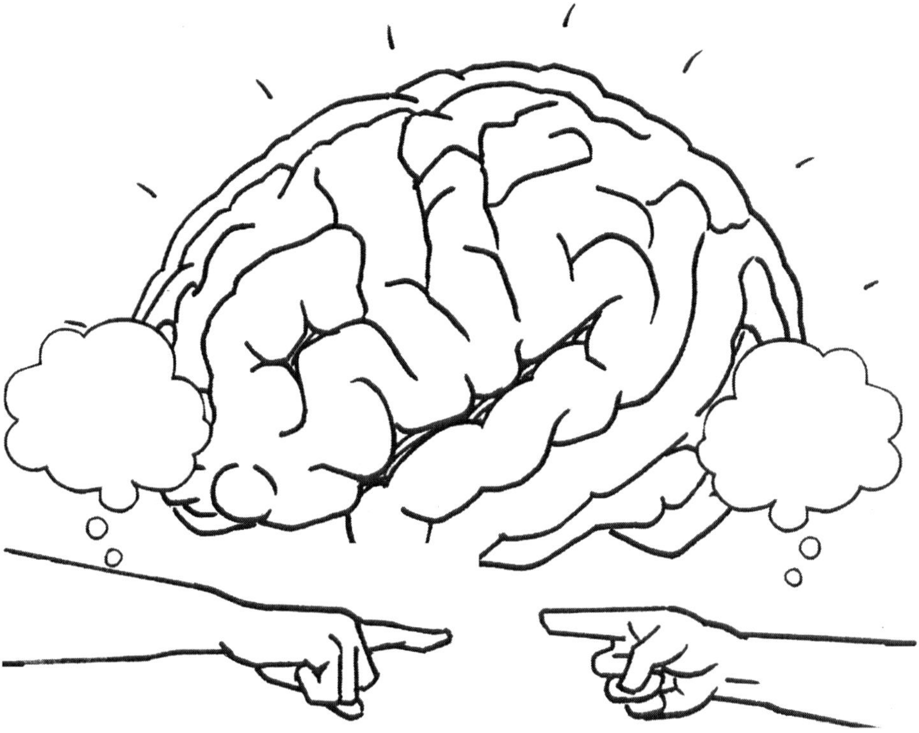

Kritik: Ein weiteres Merkmal besteht darin, dass die „eigene Rede“ sowie die tradierten Wissensformen und Praktiken im Rahmen der Öffentlichkeit kritisch hinterfragt werden müssen. Gerade in der kritischen Reflexion der eigenen Rede zeigt sich für Eco auch die Differenz zwischen der Ausübung der intellektuellen Funktion und der propagandistischen Arbeit: Der Propagandist, ähnlich wie der Mitarbeiter einer Werbeagentur, würde die eigene Botschaft nicht in der Öffentlichkeit kritisch analysieren.

Parteilichkeit: Intellektuelle sollen sich einmischen, sie müssen Partei ergreifen, was gerade nicht heißt, dass sie sich einer Parteiideologie unterordnen sollen. Im Gegenteil: Eine Position beziehen – so Eco – impliziert, dass man gerade gegenüber denjenigen, die zum eigenen Lager gehören, Kritik ausübt: „Faßt man das Wort ‚Seite‘ nicht zu eng politisch, so war Bobbios wichtigste Lehre […], daß der Intellektuelle seine kritische und nichtpropagandistische Funktion nur dann (oder vor allem) ausübt, wenn er wider die eigene Seite redet. Der engagierte Intellektuelle muß vor allem diejenigen in die Krise bringen, an deren Seite er sich engagiert.“

Philosophisches Grundproblem

Blickt man auf Ecos Romane, aber auch auf seine Publizistik zurück, fällt auf, dass sie immer implizit oder explizit auf seine philosophischen Arbeiten Bezug nehmen und zentrale erkenntnistheoretische Fragen aufwerfen. Doch um welche Fragen handelt es sich dabei? Im Mittelpunkt von Ecos philosophischem Œuvre steht das Problem der Interpretation. Dabei knüpft er an die Hermeneutik seines akademischen Lehrers Pareyson an, die er im Laufe der Jahre unter veränderten Vorzeichen weiterentwickeln wird. Die Interpretation eines Kunstwerkes wird als Kooperation zwischen Werk und Rezipient*in verstanden. Was diese Kooperation interessant und zugleich schwierig macht, ist die Spannung zwischen „Treue" und „Freiheit": Welchen Interpretationsspielraum bietet das Werk? Gibt es Regeln, die den Akt der Interpretation lenken? Falls ja, wo sind sie zu finden und wodurch lassen sie sich legitimieren? Kann man ‚wahre' von ‚falschen' Interpretationen unterscheiden? Und welche Einstellung müssen die Rezipient*innen dem Werk gegenüber einnehmen, wenn sie es interpretieren?

Offenheit und Grenzen der Interpretation

Der Titel von Ecos 1962 erschienener Aufsatzsammlung ist in dieser Hinsicht bereits programmatisch: *Opera aperta* (dt. *Das offene Kunstwerk*). In dieser Publikation, die ihn bereits früh in internationalen Fachkreisen bekannt machte, setzt er sich mit der Ästhetik und den Poetiken der Offenheit auseinander, indem er den Fokus auf die Kunst der Moderne richtet. In der 1991 erschienenen Aufsatzsammlung *I limiti dell'interpretazione* (dt. *Die Grenzen der Interpretation*) richtet sich die Aufmerksamkeit dann genauer auf diejenigen Aspekte, die die Interpretationsoffenheit einschränken bzw. regulieren sollen.

Von der Öffnung zu den Regeln

Die Zentralität dieser Spannung wird Eco selber zu verschiedenen Anlässen immer wieder rückblickend hervorheben. So schreibt er 1979 im Vorwort zu *Lector in fabula* (dt. *Lector in fabula. Die Mitarbeit der Interpretation in erzählenden Texten*): „Als ich 1962 *Das offene Kunstwerk* veröffentlichte, hatte ich die Frage zu klären versucht, wie ein Kunstwerk einerseits eine freie interpretierende Beteiligung von seinen Empfängern fordern, auf der anderen Seite aber strukturale Charakteristika aufweisen könnte, die insgesamt die Ordnung dieser Interpretationen regulieren und stimulieren." Wenige Seiten später heißt es: „Wenn ich nun die Arbeiten, die nach dem *Offenen Kunstwerk* entstanden sind, aus der gewonnenen zeitlichen Distanz betrachte [...], so wird mir klar, daß sich das Problem der Interpretation – der interpretativen Freiheiten und Abweichungen – durch meinen gesamten wissenschaftlichen Diskurs zieht. [...] Wenn wir so wollen [...], zielen alle Studien, die ich zwischen 1963 und 1975 verfaßt habe, zwar nicht ausschließlich, aber doch zu großen Teilen darauf ab, die semiotischen Grundlagen für jenes Experiment der ‚Öffnung' zu suchen, das ich in *Das offene Kunstwerk* ausgeführt habe, ohne dafür Regeln anzugeben."

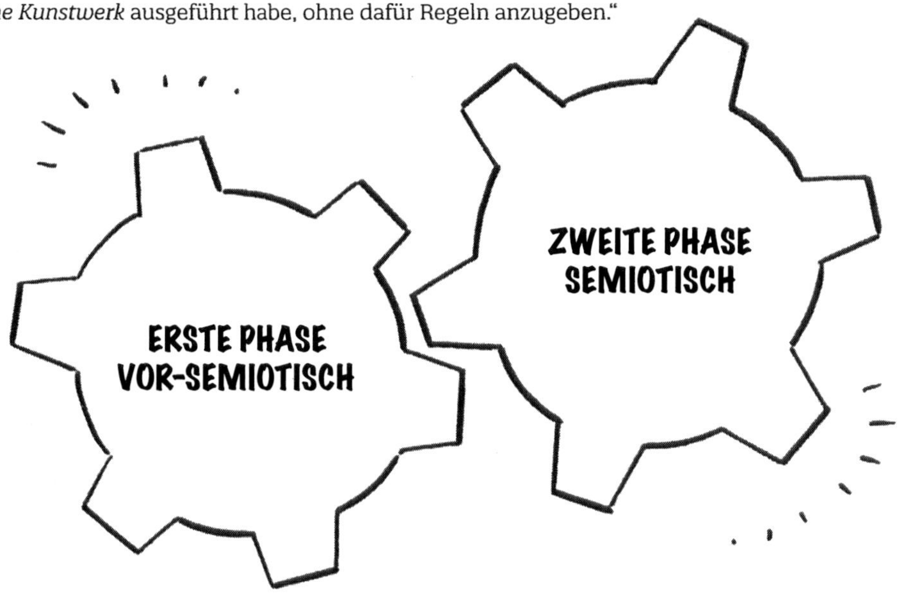

Vor-semiotische und semiotische Phase

Was passiert zwischen 1963 und 1975? Was nach 1975? Ecos Werk wird i.d.R. in zwei Phasen aufgeteilt: in die vor-semiotische und die semiotische Phase. Der Beginn der semiotischen Phase wird oft auf das Jahr 1968 datiert, als Ecos erste systematische Abhandlung über die Semiotik als allgemeine Kulturtheorie erschien: *La struttura assente*. Die Ansätze, die er in *Das offene Kunstwerk* präsentiert, werden im Lichte einer Zeichentheorie neu formuliert. Im Zuge dieser Systematisierung entwickelt Eco Begrifflichkeiten und Analysekategorien, mit denen er nicht nur beansprucht, die Interpretation der ästhetischen Botschaft, sondern die Interpretation von Zeichen insgesamt – und somit der kulturellen Realität des Menschen – wissenschaftlich beschreiben zu können. Innerhalb dieser semiotischen Phase, die maßgeblich durch die Rezeption der Schriften von Charles Sanders Peirce (1839–1914) geprägt sein wird, findet wiederum eine weitere Verschiebung statt: Nach 1975 wird sich der Blick zunehmend auf die Ebene der Regeln richten, die die „Öffnung" überhaupt erst ermöglichen.

Textinterpretation als Modell

Das soll aber nicht bedeuten, dass diese Regeln zuvor keine Rolle gespielt hätten. Im *offenen Kunstwerk* werden sie bereits mitbedacht, es fehlt ihnen allerdings ein breiter, systematischer Rahmen, den die Semiotik später liefern wird. Diese Systematisierung findet meistens am Beispiel der Interpretation von Texten statt. So schreibt Eco 1991: „Ein Text indes ist ein Organismus, ein System interner Relationen, das bestimmte mögliche Zusammenhänge aktualisiert und andere unterdrückt. Bevor ein Text hervorgebracht wird, könnte noch jede Art von Text erfunden werden. Nachdem ein Text hervorgebracht wurde, kann man vieles damit anstellen – in manchen Fällen potentiell unendlich vieles –, doch ist es unmöglich – zumindest unter kritischen Gesichtspunkten illegitim –, ihn etwas sagen zu lassen, was er nicht sagt. Häufig sagen Texte mehr, als ihr Verfasser sagen wollte, aber weniger, als sie nach den Wünschen vieler maßloser Leser sagen sollten."

Das philosophische Problem schlechthin: Die Hinwendung zum Sein

Im ersten Aufsatz seines 1997 erschienenen Buches *Kant e l'ornitorinco* (dt. *Kant und das Schnabeltier*), der den Titel „Vom Sein" trägt, wird Eco seinen Ansatz auf eine der Kernfragen der abendländischen Philosophie seit ihren Anfängen in der Antike richten: auf die Frage nach dem Sein. In Auseinandersetzung mit der philosophischen Tradition von Aristoteles über das Mittelalter bis hin zu Heidegger entwickelt Eco einen Vorschlag, wie die Frage nach dem Sein als Frage nach der Interpretation vom Sein verstanden werden kann – wiederum eingebettet im Spannungsverhältnis zwischen Offenheit und Grenzen.

Studienjahre – Abgrenzung vom Neoidealismus

Das akademische Feld im Nachkriegsitalien war durch verschiedene, z.T. stark konkurrierende Schulen und Strömungen geprägt. Dabei spielte bis weit in die 50er Jahre hinein die Abgrenzung von der Philosophie Benedetto Croces (1866–1952) eine wichtige Rolle. Diese war durch eine Wiederaufnahme und Aktualisierung des deutschen Idealismus (insbesondere der Philosophie Georg Wilhelm Friedrich Hegels, 1770–1831) geprägt und politisch liberalen Positionen zugeordnet. 1910 zum Senator ernannt, wirkte Croce nicht nur als Philosoph und Historiker, sondern vor Beginn des faschistischen Regimes u.a. auch als Bildungsminister. Nach einer anfänglichen Unterstützung des Faschismus vertrat er nach der Ermordung des sozialistischen Abgeordneten Giacomo Matteotti durch faschistische Schergen 1924 eine offene antifaschistische Einstellung. Durch sein *Manifesto degli intellettuali antifascisti* (1925, dt. *Manifest der antifaschistischen Intellektuellen*) wurde er zum moralischen und kulturellen Bezugspunkt insbesondere für liberale Intellektuelle. Croce verstand den Faschismus als eine Art moralische Krankheit, als eine bloße Parenthese im sonst kontinuierlichen historischen Fortschritt von einer liberalen Monarchie zur Demokratie – eine Analyse, die insbesondere von marxistischer Seite stark kritisiert wurde.

Nach dem Ende des Regimes 1943 nahm Croce wieder seine aktive politische Tätigkeit auf. Seine 1902 erschienene *Estetica come scienza dell'espressione e linguistica generale* (dt. *Aesthetik als Wissenschaft vom Ausdruck und allgemeine Sprachwissenschaft, Theorie und Geschichte*) besetzte bis in die 1950er Jahre maßgeblich die Debatten um Ästhetik, Kunsttheorie sowie -kritik.

Eco an der Universität von Turin

In der Nachkriegszeit – nicht zuletzt im Zuge der erst nach dem Ende des Faschismus möglich gewordenen nachholenden Rezeption nationaler und internationaler philosophischer Positionen – verlor Croces Philosophie zunehmend seine hegemoniale Vormachtstellung. Eco positioniert sich bereits in seiner frühen akademischen Laufbahn dezidiert gegen Croce. Grit Fröhlich fasst dieses „kulturelle Klima, in dem Eco seine philosophische Ausbildung absolviert", pointiert zusammen: „Seine philosophischen Anfänge stehen unter dem Vorzeichen einer allgemeinen kritischen Auseinandersetzung mit dem Neoidealismus, die sich bei Eco in einer Kritik an Croces idealistischer Ästhetik äußert. Seine ersten ästhetischen Studien stellte er im Umkreis der katholischen Philosophie an, wobei er vor allem der Schule Luigi Pareysons nahe stand. Später wird Eco ins laizistische Lager wechseln." Vertreter des laizistischen Lagers – Eco spricht auch von einer „norditalienischen Aufklärung" – an der Universität von Turin waren u.a. Nicola Abbagnano (1901–1990), Befürworter eines „positiven Existentialismus", der Rechtsphilosoph Norberto Bobbio und der Wissenschaftstheoretiker und Philosoph Ludovico Geymonat (1908–1991).

Abgrenzung vom Katholizismus

Luigi Pareyson vertrat einen christlich geprägten Existenzialismus („christlichen Personalismus"), zu dem sich Eco noch zu Beginn seines Studiums nicht zuletzt aufgrund seiner eigenen Aktivität als Vertreter der katholischen Studierendenorganisation sowie als militantes Mitglied der Jugendorganisation der *Azione Cattolica* – deren Ziel die Unterstützung der katholischen Kirche war – hingezogen fühlte. Doch gerade die Erfahrung des strengen Dogmatismus sowie des politischen Rechtsrucks der *Azione Cattolica* Mitte der 50er Jahre führte zu Ecos Abkehr von der Religion und zu einer grundlegenden skeptischen und antidogmatischen Einstellung, die seine philosophische Laufbahn und sein Verständnis von Demokratie prägen werden.

Die Rolle von Luigi Pareyson

Einige der zentralen Themen, die auch noch Jahrzehnte später Ecos semiotisches Denken bestimmen werden, gehen zurück auf seine Auseinandersetzung mit der ästhetischen Theorie seines Lehrers. So schreibt Eco noch 2012 in einem Aufsatz, der den prägenden Titel „Pareyson gegen Croce. Die Neuigkeiten der *Ästhetik* von 1954" trägt (gemeint ist Pareysons 1954 erschienene Monografie), folgendes über die Wirkung von Pareyson: „Man denke an das Offenheitsverhältnis zwischen Werk und Genießer, an die Grenzen und die Möglichkeiten der Interpretation, an die Lehre des Interpretierenden bei Peirce, genauso wie an meine Kritiken an der dekonstruktionistischen Theorie, die ich nicht entwickeln können hätte." Diese Auseinandersetzung verlief allerdings nicht ohne Kritik. Diese traf insbesondere die metaphysischen und christlichen Implikationen von Pareysons Lehre der Interpretation und der Formativität – zwei der zentralen Begriffe seiner Ästhetik.

Von links nach rechts: Gianni Vattimo, Umberto Eco, Luigi Pareyson, Hans-Georg Gadamer

„Es gibt für den Menschen keine Erkenntnis außer als Interpretation." Diesen Kernsatz von Pareysons Philosophie werden seine Schüler Umberto Eco und Gianni Vattimo (1936–2023) in unterschiedliche Richtungen weiterdenken – und auf diese Weise die Debatten um die Postmoderne prägen. Vattimo wird bei der hermeneutischen Dimension von Pareysons Philosophie anknüpfen und später u.a. Hans-Georg Gadamers (1900–2002) Hauptwerk *Wahrheit und Methode* ins Italienische übersetzen.

Exkurs: Philosophische Ästhetik

Auch wenn die Ästhetik als philosophische Disziplin relativ jung ist (sie entsteht in der Mitte des 18. Jahrhunderts), lassen sich ästhetische Fragen bis Platon zurückverfolgen. Der Begriff geht auf das altgriechische Wort *aísthēsis* zurück, das sinnliche Wahrnehmung bzw. Empfindung bedeutet. Alexander Gottlieb Baumgarten (1714–1762), der Begründer der Ästhetik als Disziplin, definiert sie wie folgt: „Die Ästhetik (als Theorie der freien Künste, als untere Erkenntnislehre, als Kunst des schönen Denkens und als Kunst des der Vernunft analogen Denkens) ist die Wissenschaft der sinnlichen Erkenntnis." Entsprechend befasst sie sich nicht ausschließlich mit der Kunst oder der Frage nach dem Schönen (wobei diese inzwischen als die klassischen Gegenstände einer philosophischen Ästhetik gelten), sondern auch mit den Möglichkeiten und Voraussetzungen von sinnlicher Erkenntnis überhaupt. In Auseinandersetzung mit dem Schönen in der Kunst wird die philosophische Ästhetik nicht nur die Art untersuchen, wie etwas als schön beurteilt wird und welche Rolle dabei die Struktur der Wahrnehmung und die (natürlichen oder gesellschaftlichen) Normen spielen, sondern auch, wie das Schöne im Kunstwerk realisiert wird oder welche Wirkung es hat. In Auseinandersetzung mit der Frage nach der Erkenntnis geht es u.a. darum, ob Kunstwerke eine Wahrheit vermitteln können (etwa über die Gesellschaft oder über die *conditio humana*), aber auch, welche spezifischen Erkenntnismöglichkeiten das Medium „Kunst" eröffnet (so etwa in den neueren Ansätzen der „künstlerischen Forschung").

Exkurs: Hermeneutik

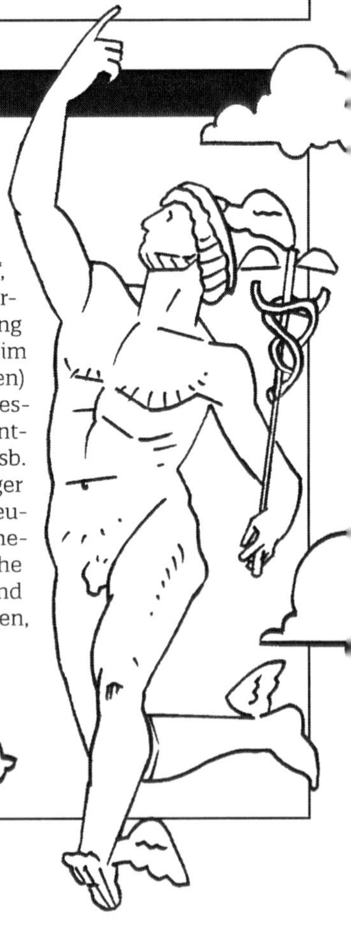

Das Wort Hermeneutik geht auf das altgriechische *ermeneía* zurück, das wiederum vom Götterboten Hermes (siehe Grafik rechts) abstammt, „der die Botschaften der Götter den Sterblichen überbringt. Hermes teilt die göttlichen Botschaften dabei nicht bloß mit, sondern er erklärt sie und übersetzt sie in menschlicher Sprache", entsprechend umfasst der Begriff auch „die Arbeit der Übertragung und Erklärung des Gemeinten, also seine Auslegung und Interpretation". Ursprünglich spielte die Hermeneutik im Kontext der Theologie (die Auslegung der heiligen Schriften) und der Rechtswissenschaften (die Auslegung der Gesetzestexte) eine wichtige Rolle, später wurde sie zu einem zentralen Ansatz bei der Interpretation von Kunstwerken (insb. der Literatur). Im 20. Jahrhundert werden Martin Heidegger (1889–1976) und Hans-Georg Gadamer an einer hermeneutischen Fundierung der Philosophie arbeiten: „Die Hermeneutik bezeichnet somit sowohl das erkenntnistheoretische Verhältnis des Menschen zu seiner eigenen Lebenslage und zur Welt als auch die ontologische Verfassung des Menschen, d.h. die Art und Weise, in der der Mensch selbst ist."

Croce und das Kunstwerk als „innere Ausarbeitung"

Eco hat seinem akademischen Lehrer verschiedene Texte gewidmet, die nicht nur dessen Werk betreffen, sondern auch zu Ecos eigener Standortbestimmung im Verhältnis zur Philosophie Pareysons beitragen. Eine wichtige Rolle spielt dabei die Abgrenzung Pareysons von Croce: Eco hebt insbesondere die Aspekte hervor, in denen Pareysons Ansatz einer Ästhetik als „Theorie der Formativität" wesentliche Schwachstellen oder blinde Flecke der Ästhetik Croces identifiziert und auf produktive Weise löst. Eine dieser Schwachstellen stellt Croces Definition der Kunst als Intuition dar – eine Bestimmung der Kunst, die nach Eco daran krankt, dass in ihr der Begriff der „Intuition" wiederum nicht klar definiert wird. Man kann sie sich in etwa wie einen „ursprünglichen Blitz" vorstellen, der das Kunstwerk als innere Vorstellung erzeugt. In Croces Ansatz folgt aus dieser „vagen Intuitionsidee" eine, wie Eco sagt, „unglaubliche Aussage": „Der intuitiv-ausdruckshafte Charakter der Kunst liegt nur in der inneren Ausarbeitung; ihre technisch-materielle Äußerung – im Marmor, auf Leinwand, in Vokallauten – wäre dagegen ganz nebensächlich und unwesentlich, d.h. nur zum Zweck der ‚Erhaltung und Widergabe' des ursprünglichen Blitzes."

Die „Unwesentlichkeit der Technik"

Der Moment der Realisierung des Kunstwerks spielt für Croce nur eine zweitrangige Rolle. Eco führt dies auf dessen „Desinteresse an dem [...], was die Künstler machen" zurück. Pointiert fasst er dessen Position wie folgt zusammen: „Jene, die wir für Kunstwerke halten (so dass wir uns um ihre Ruinierung, ihre Restaurierung, ihre Fälschung oder ihren Diebstahl kümmern) sind der bloße Behälter für die einzigen, wahren (und nunmehr unerreichbaren) Werke, die in den ganz innerlichen Intuitionen ihrer Autoren bestanden." Als praktisches Gegenbeispiel für Croces Auffassung der „Unwesentlichkeit der Technik" bringt er eine Selbstäußerung von Michelangelo (1475–1564) an. In einem seiner Sonette reflektiert dieser über seine künstlerische Praxis und stellt dar, wie „der Künstler seine intuitiv-ausdruckshafte Vollendung findet, indem er im Dialog mit der Materie, mit ihren Maserungen, mit ihren Trendlinien, mit ihren Möglichkeiten steht. Ja, Michelangelo sagt noch mehr, und zwar aus Liebe zur Hyperbel: Die Statue befindet sich schon im Marmor, so dass der Künstler nichts Anderes macht, als das Überflüssige zu entfernen, das sie verbirgt."

Antinomie der Aufführung

Wo es bei Croce dann doch um die Realisierung des Kunstwerks geht, stößt sein Denken auf eine Antinomie. Wenn die Texte eines Theaterstücks oder eines Gedichts für sich bereits das Kunstwerk sind, dann wären ihre Aufführungen (Inszenierung oder Vortrag), nach Croce, keine Umsetzung des Textes, sondern Ausdruck der Persönlichkeit des Interpreten und somit wiederum ein für sich stehendes Kunstwerk. Im Gegensatz dazu verstand Croce die Aufführung eines Musikstücks als treue Wiedergabe des Originals, „die darauf abzielen würde, das einzige mögliche Gesicht des Werkes wiederzugeben", ohne Einfluss des Interpreten. Die Antinomie nimmt dabei folgende Form an: „Entweder die Ausführung war die treue Wiedergabe des Werkes; oder sie war Ausdruck der Persönlichkeit des Ausführers. Aus der croceschen Perspektive war die Koinzidenz von Einheit des Werkes und Vielzahl seiner Ausführungen nicht möglich." Pareysons Stärke besteht darin, diese Koinzidenz – die zentral für Eco bleiben wird – nicht nur denken zu können, sondern auch im Rahmen einer ästhetischen Theorie aufzunehmen und produktiv zu machen.

Pareyson und die verschiedenen Dimensionen der Ausführung eines Kunstwerks

Pareyson vertritt eine entgegengesetzte Position zu Croce, indem er in seiner ästhetischen Theorie ausgiebig auf die Erfahrungen und die Poetiken der Künstler*innen eingeht und sich explizit mit ihren Auffassungen des Hervorbringens von Kunstwerken auseinandersetzt. Die „esecuzione" des Kunstwerks – dieses italienische Wort umfasst u.a. folgende Bedeutungen, die allesamt für Pareyson und Eco relevant sind: Ausführung, Durchführung, Aufführung, Darbietung, Vollstreckung – wird damit zu einem zentralen Moment, das sich gerade in der Auseinandersetzung mit der Materie vollzieht und ähnliche Züge wie Michelangelos Reflexion aufweist: „Für Pareyson wird die Materie zum Hindernis, über das die erfinderische Aktivität ausgeübt wird, die ihre Notwendigkeiten in Gesetze des Werkes umwandelt." Die Materie widersetzt sich der einfachen Umsetzung der Ideen der Künstler*innen, sie wird als Hindernis erfahren, weil sie sozusagen eine eigene Logik der Form besitzt, auf die die Künstler*innen reagieren müssen. Dabei wird, wie Eco betont, die „esecuzione" sehr weit gefasst: Sie umfasst nicht nur die Produktion als konkrete Materialisierung des Kunstwerks, sondern auch dessen Interpretation, verstanden als Aufführung (z.B. beim Musikstück), aber auch im Sinne von „Deutung" im Akt der Rezeption (etwa beim Lesen eines Textes oder beim Betrachten eines Bildes).

Eine „Theorie der Formativität“

Eine „Theorie der Formativität“ umfasst somit beide Dimensionen: Produktion und Rezeption. In beiden Fällen stehen verschiedene Personen „im Dialog mit der konkreten Körperlichkeit der Dinge“. Den Hintergrund bildet die Auffassung vom „Machen“ bzw. „Hervorbringen“ als hervorgehobene Tätigkeit des Menschen, die wiederum mit dem „Formen“ einhergeht, verstanden als kreativer Akt: Pareyson spricht im emphatischen Sinne von „Formen“, wenn nicht bereits feststehende Regeln einfach umgesetzt werden, sondern wenn der Akt des Formens im Vollzug sich selbst die Regeln setzt. Auch wenn die Formativität als grundlegende menschliche Tätigkeit verstanden wird, findet man sie in der Kunst in ihrer Reinform realisiert, da sie dort als Selbstzweck durchgeführt wird, ohne sekundäre Ziele zu verfolgen.

Die Materie der Kunst

Die Auffassung der Materie als Hindernis, womit das Machen als formende Tätigkeit konfrontiert wird, führt dazu, dass die „Notwendigkeiten des Hindernisses" sich in „Regeln des Werkes" verwandeln: Das Hindernis „suggeriert" den Künstler*innen das angemessene Handeln, wie Eco in einer frühen Besprechung von Pareysons „Ästhetik" in der zweiten Hälfte der 50er Jahre schreibt. Dabei wird Materie sehr weit gefasst: Eine „antike rhetorische Tradition" und der Marmor, woraus ein Bildhauer eine Statue erschafft, sind beides Materie, ebenso wie tradierte Regeln der Poetik, künstlerische Techniken oder sogar die Werkzeuge, mit denen die Künstler*innen arbeiten – „externe Wirklichkeit, auf die der Künstler einwirkt" und die selber wiederum auf dieses Wirken zurückwirkt. Wenn die Künstler*innen im Machen die Machensweise erfinden und damit auch neue Rhythmen und neue Regeln für ihre eigenen Kunstwerke, dann passiert dies nicht im luftleeren Raum: „diese Neuigkeiten entstehen nicht aus dem Nichts, sondern gerade als freie Verarbeitung einer Gesamtheit an Vorschlägen, welche dem Künstler durch die ursprünglich als Widerstand und als kodifizierte Passivität erfahrene kulturelle Tradition sowie physische Welt nahegelegt wurden."

Formen und Interpretieren

Die Implikationen sind für Pareyson weitreichend. Die künstlerische Tätigkeit wird durch Versuche gekennzeichnet, durch eine „geduldige Befragung der ‚Materie'". Die Hindernisse der Materie melden ihre Ansprüche an, die nicht vernachlässigt werden dürfen. Die „formende Tätigkeit" und die „interpretierende Tätigkeit" sind dabei eng miteinander verknüpft, denn um ein Kunstwerk hervorbringen zu können, müssen die Künstler*innen die Materie interpretieren. Der Prozess des Formens lässt sich dabei als eine Reihe von Versuchen und Annäherungen verstehen, die durchaus auch Momente des Scheiterns implizieren. Das in sich stimmige, durchkomponierte, organische Kunstwerk entsteht so aus einer Kooperation zwischen Materie und Künstler*in. Eine angemessene Interpretation eines Kunstwerkes besteht, nach Pareyson, wiederum darin, es aus der Perspektive der jeweiligen Künstler*innen zu betrachten, um dessen Genese zu rekonstruieren. Die Interpretation wird also zur Rekonstruktion all der Versuche und Entscheidungen, die durch die Befragung der Materie in den Künstler*innen angeregt wurden und zur Entstehung des Kunstwerks geführt haben.

Erkenntnistheorie als Theorie der Interpretation

Pareyson geht so weit zu sagen, dass das Kunstwerk die „interpretativen Reaktionen" sei, die es auslöse. Es realisiere sich sozusagen in den jeweiligen interpretatorischen Akten, die wiederum in der Rekonstruktion der Genese des Kunstwerks bestehen. Das auf diese Weise realisierte Kunstwerk wird – so Eco in seiner Zusammenfassung von Pareysons Ansatz – zum Modell für Erkenntnisprozesse überhaupt. Diese „Gnoseologie der Interpretation", in der der Akt der Interpretation als eine Art tentatives Herantasten verstanden wird, kennzeichnet die Produktion des Kunstwerks und dessen Rezeption.

Zugleich findet sich diese Struktur in der Erkenntnis der Wirklichkeit wieder, verstanden als „kontinuierlicher Austausch zwischen den Stimuli, die uns die Wirklichkeit als ‚Anregungen' anbietet, und den Vorschlägen, die das Individuum ausgehend von den Stimuli hervorbringt, um diese in ihrer Eigenschaft als Form zu klären." Eco greift diesen Gedanken Pareysons auf und wird ihn in seinen eigenen Arbeiten weiterentwickeln.

Der Stil und die Persönlichkeit der Künstler*innen

Der Stil, der ein Kunstwerk ausmacht und von anderen Kunstwerken unterscheidet, ist die Spur der Persönlichkeit der jeweiligen Künstler*innen. Dies bedeutet allerdings nicht, wie Eco in seiner Besprechung hervorhebt, dass Künstler*innen in den eigenen Kunstwerken von sich erzählen würden. Stattdessen zeigen sie sich in ihnen als Modus.

Stil und doppelte Geschichtlichkeit der Kunstwerke

Die künstlerische Tätigkeit gilt als exemplarisches Machen im Sinne der Formativität, da sie nur sich selbst kommuniziert. Das Kunstwerk als Selbstzweck ist aber immer auch „stilgewordener Künstler". Und durch die Künstler*innen als formende Personen wird nicht nur der Stil als materialisierte Spur ihrer Persönlichkeit im Kunstwerk sichtbar, sondern auch der soziokulturelle und historische Kontext vermittelt, in dem die Kunstwerke entstanden sind. Das Kunstwerk ist somit immer auch mit einem historischen Index versehen. Adorno würde vom „Doppelcharakter von Kunst [als] der von Autonomie und fait social" sprechen. Zugleich produzieren Kunstwerke Geschichte, verstanden als „Geschichte der eigenen Lesarten". In diesem Sinne kann man von einer doppelten Geschichtlichkeit der Kunstwerke sprechen, verstanden als Re-Produktion von Geschichte: Reproduktion der Zeit, in der sie entstanden sind, und Produktion einer Rezeptionsgeschichte, in der sich die Kunstwerke immer wieder neu realisieren.

Ein Werk – viele Interpretationen

„Indem er eine Form ins Leben ruft, entlässt der Künstler sie, zugänglich für ihre unendlichen Interpretationsmöglichkeiten." So fasst Eco einen weiteren Aspekt von Pareysons Ästhetik zusammen, der für sein eigenes Denken zentral bleiben wird. Dabei handelt es sich um die bereits erwähnte „Einheit des Werkes und [der] Vielzahl seiner Ausführungen", die für Croce nicht denkbar war. Die Voraussetzung für die Interpretierbarkeit besteht in der Tatsache, dass zwei Personen sozusagen zusammentreffen: die formgebende und die interpretierende Person. Auch wenn es sich um zwei unterschiedliche Personen handelt, bleibt die grundlegende Person-Struktur – u.a. im Primat des Machens – gleich, was wiederum die Interpretierbarkeit garantiert. Die interpretierende Person muss sich offen zeigen für die Persönlichkeit der formenden Person, die sich wiederum im Kunstwerk sedimentiert hat, so dass hier die Offenheit der Rezeption mit einer Treue zum Kunstwerk einhergeht. Zugleich wird dieser Zusammenhang von Offenheit und Treue durch die interpretierende Person vermittelt – mit all ihren Vorurteilen und perspektivischen Einschränkungen. Das Spannungsverhältnis von Offenheit und Treue ist aber bereits im Kunstwerk selbst angelegt: Als Materie für die Interpretation generiert es eine Vielzahl von Deutungsmöglichkeiten, verlangt aber eine Treue zur eigenen Widerständigkeit, die sich in der Eigenschaft der Materie als Hindernis zeigt.

Die metaphysischen Prämissen der „Theorie der Formativität“

Soweit die Aspekte, die Eco in seinen Auseinandersetzungen mit Pareyson als richtungsweisend für die eigene Theorie der Interpretation bestimmt. Es gibt aber auch Aspekte, die er nicht übernimmt und die er offen kritisiert. Im Mittelpunkt seiner Kritik stehen die metaphysischen Prämissen von Pareysons Theorie der Formativität. Pareyson fasst Formativität viel weiter als eine nur auf die kulturellen Produkte bezogene Art der Tätigkeit. Gerade wenn es um die Übertragung des Interpretationsmodells auf die Erkenntnis der Wirklichkeit geht, werden die metaphysischen Implikationen deutlich. Um die genannte Spannung von Treue und Offenheit in der Interpretation bzw. Erkenntnis der Wirklichkeit zu ermöglichen, benötigt Pareyson die Vorstellung eines Bildenden, der die Natur geformt hat, da nur die Figur des Bildenden – letztlich Gott – die Einheit und die Rationalität der Wirklichkeit garantieren kann. Eine Einheit, die Ausdruck einer Intention ist und unendliche Interpretationen ermöglicht, während sie andere wiederum ausschließt.
Die erkenntnistheoretische Dimension umfasst auch den Begriff der Wahrheit. Eco fasst das „theoretische Prinzip, das das gesamte pareysonsche Denken seit den Ursprüngen beherrscht“, wie folgt zusammen: Es besteht in der „Frage, ob und dass ‚eine pluralistische, aber nicht relativistische Auffassung der Wahrheit‘ möglich ist, d.h. die Überzeugung, dass die Wahrheit einzig ist, obwohl sie nur durch ihre geschichtlichen Manifestationen anerkannt werden kann.“

In Richtung einer „Theorie der kulturellen Formen“

Eco wendet sich bereits Ende der 50er Jahre von diesen metaphysischen Prämissen ab – nicht zuletzt auch aufgrund seiner Abkehr vom Katholizismus –, ohne aber die Schlagkraft der „Theorie der Formativität“ seines akademischen Lehrers mit dem Bade auszuschütten. Stattdessen wird er, wie er es später charakterisieren wird, Pareysons Lehre säkularisieren, indem er sie ohne metaphysische Implikationen im Sinne einer „Theorie der kulturellen Formen“ weiterdenkt. Dies ermöglicht eine Übernahme vieler zentraler Elemente von Pareysons Ansatz, umgedeutet im Lichte einer Auffassung des Verhältnisses von Mensch und Welt, das nur durch „rein methodologische Hypothesen“ bestimmt wird, wobei beide Pole nicht metaphysisch gedeutet werden.

Anthropomorphisierung der Natur

Ecos Abkehr von den metaphysischen Prämissen in der Lehre Pareysons bereits Ende der 50er Jahre führte zu einem Bruch zwischen beiden, der fast zwei Jahrzehnte anhielt. Die Vorstellung eines großen Bildners, dessen Intention sich in der Naturordnung als seine Schöpfung manifestiert, lässt Eco höchstens als psychologische Hypothese zu: Um die Natur ästhetisch genießen zu können, betrachten wir sie als „Erfüllung einer intentionalen Operation": „Anders gesagt, wir anthropomorphisieren sie, schreiben ihr einen Autor zu." Am Ende ist auch diese Zuschreibung eine „rein methodologische Hypothese", die eingesetzt wird, um einen Zusammenhang, ein Phänomen (provisorisch) interpretieren zu können. Letztlich, so Eco weiter, würde die Ersetzung des Bildners durch das Chaos strukturell dieselbe Funktion erfüllen. Das Chaos wird ebenfalls anthropomorphisiert, und zu sagen, es gäbe keine Ordnung, ließe sich am Ende als Ausdruck der Intention des Chaos deuten, keine Ordnung zu schaffen. Um vor diesem Hintergrund das Verhältnis von Natur, Zufall und Kunst zu veranschaulichen, untersucht Eco folgendes Beispiel: „Was passiert nun demjenigen, der durch die Felder spaziert, ein Steinchen mit einer merkwürdigen Form findet, es aufhebt und dabei an eine Skulptur von Brâncuşi denkt?"

Kunst des Bildhauers und Fotografen Constantin Brâncuşi (1876–1957)

Zufallsfund ... oder doch Kunst?

Wenn – wie Pareyson in seiner *Ästhetik* ausführt – wir beim Interpretieren als erstes nach einer ursprünglichen Intention suchen und beim Herstellen eine formative (bildende) Intention setzen, dann fallen in diesem Beispiel durch einen glücklichen Zufall „die anfängliche formative Intention und die finale interpretative Auseinandersetzung" in eins: Der Spaziergänger „sucht im Gegenstand eine Intention, als ob jemand sie ihm eingegeben hätte, während er ihm zugleich selber eine Intention eingibt und dem Gegenstand so eine Ratio und eine organische Überzeugungskraft verleiht. Er produziert den Gegenstand, um ihn als gefälligen zu genießen, und im Produzieren genießt er ihn." Ein gängiger Einwand wäre, dass der Spaziergänger nichts macht, nichts selber herstellt. Eco hält dem entgegen, dass der Spaziergänger durchaus eine Reihe von Handlungen ausführt, durch die „er den Stein aus seinem gewohnten Zusammenleben mit dem Gelände und der umgebenden Landschaft heraushebt und – ihn isolierend – durch einen autoritären Akt in das Repertoire der zu kontemplierenden Dinge setzt." Dieser Aspekt weist Parallelen zur Praxis in der modernen Kunst auf und wird, abgewandelt, eine Rolle in Ecos Theorie der Zeichenerzeugung spielen.

Abschlussarbeit als Provokation

In einem autobiographischen Rückblick erzählt Eco, wie der Philosoph Enzo Paci (1911–1976), dessen Nachfolger Eco bei der Herausgabe einer wissenschaftlichen Buchreihe war, ihm gesagt habe, dass „an eine Abschlussarbeit über die mittelalterliche Ästhetik zu denken, von der ausgegangen wurde, dass sie nicht existiere, dem Verhalten jener Romanfiguren aus dem 19. Jahrhundert gleichkam, die ihre gesellschaftliche Karriere mit einem Duell beginnen mussten." Als Eco seine Abschlussarbeit über das ästhetische Problem beim Heiligen Thomas plant, die 1956 erscheinen wird (in der zweiten Auflage von 1970 wird aus dem „Heiligen Thomas" dann „Thomas von Aquin", um Ecos Distanzierung vom Katholizismus zu markieren), wurde die Existenz einer mittelalterlichen Ästhetik fast durchgängig in Frage gestellt. Nach Croce wusste man im Mittelalter nicht, was Ästhetik ist. Andere Philosophen projizierten in die mittelalterlichen Texte ihre eigenen ästhetischen Vorstellungen hinein. Aber auch in literatur- und kunsthistorischen Studien wurde dem Mittelalter vergleichsweise wenig Raum eingeräumt. Meistens wurden lediglich spezifische Aspekte (Rhetorik, Grammatik, literarischer Geschmack) behandelt.

Biografische Distanzierungsbewegungen

Mit der Arbeit über Thomas von Aquin verfolgte Eco ein doppeltes Ziel: „nachzuweisen, dass die Welt der Antike und des Mittelalters über das Schöne und die Kunst nachgedacht haben (wenn auch auf eine andere Weise als es in der modernen und zeitgenössischen Philosophie der Fall war)" und Thomas von Aquin „von all den tomistischen Interpretationen zu befreien, die, um seine ‚Modernität' zu beweisen, Thomas etwas sagen ließen, was er nicht gesagt hatte." Rückblickend rekonstruiert Eco, wie die Arbeit über Thomas von Aquin mit seiner Abwendung vom Katholizismus verstrickt war. So schreibt er, wie er sich zu Beginn noch mit einem Gegenstand auseinandergesetzt hat, den er noch als „zeitgenössisch" erachtete, während sich im Laufe der Zeit dieses Verhältnis zunehmend veränderte, was zu einer Objektivierung seines Forschungsgegenstandes führte. Die Arbeit glich am Ende dem Umgang mit „den Papieren eines Verstorbenen, den man sehr geliebt und respektiert hatte". Es ging ihm darum, die „Wahrheit" von Thomas von Aquins Theorie im Verhältnis zu seiner eigenen Zeit wiederzuentdecken, im Bewusstsein, „dass seine Wahrheit nicht mehr die meinige war".

Skepsis und Humor

Die Abkehr vom Katholizismus stärkt in Eco eine skeptische Haltung, die besonders sensibel auf dogmatische oder totalitäre Kommunikations- oder Herrschaftsformen reagiert. In seiner „Intellektuellen Autobiographie" zeichnet Eco die Skepsis als einen Charakterzug aus, der bereits seine Herkunft prägt. So habe er von den Mitbürger*innen aus seiner Geburtsstadt Alessandria (in der Region Piemont, im Nordwesten Italiens) die „Tugend des Skeptizismus gelernt", die im Gegensatz zum „Enthusiasmus für jegliche heroische Tugend" stand. Diese Skepsis bezieht sich auch auf das eigene Handeln: „Der Skeptizismus impliziert einen konstanten Sinn für Humor, um auch das infrage zu stellen, woran man aufrichtig glaubt." Dies impliziert die Fähigkeit, eine Art ironischer Distanz zu den eigenen Vorlieben zu entwickeln. Humor und Selbstironie zeichnen ebenfalls Ecos Arbeitsweise aus, so etwa in den Parodien, die er von klassischen Werken der Literatur und Philosophie schreibt – Werke, wie dasjenige von James Joyce (1882–1941), über die er wiederum selbst wissenschaftliche Abhandlungen geschrieben hat und die für seine intellektuelle Entwicklung eine zentrale Rolle gespielt haben. Zu solchen humoristischen Formen der Auseinandersetzung mit vermeintlich ernsten Themen gehört auch ein 1958 – damals noch unter dem an Joyce angelehnten Pseudonym Dedalus – erschienenes Büchlein, das den Titel *Filosofi in libertà* trägt (Michale Nerlich schlägt als deutschen Titel *Philosophen in freier Wildbahn* vor) und der die Philosophiegeschichte in humorvollen Gedichten und treffenden Karikaturen nacherzählt. Humor, Ironie und Parodie werden auch im Kontext der Romane Ecos eine zentrale Rolle spielen, man denke etwa an das Lachen und dessen Verteufelung im *Namen der Rose*.

Historiographie und Theorie

Mit der Arbeit über Thomas von Aquin zeichnen sich nicht nur bereits thematische Schwerpunkte ab, die Ecos Arbeiten bis zum Ende begleiten werden, sondern auch methodische Entscheidungen, die sein Werk fortan prägen werden. Thematisch wird Eco immer wieder zum Mittelalter zurückkehren, so etwa in der Studie *Arte e bellezza nell'estetica medievale* (1959, dt. *Kunst und Schönheit im Mittelalter*), in den Arbeiten zur Geschichte der Semiotik (etwa zu Fragen der Klassifikation, der Metapher oder des Symbols) und nicht zuletzt in seinen Romanen *Der Name der Rose* und *Baudolino*. Eine methodische Relevanz erhält sein historiographischer Ansatz. Die Rekonstruktion der Theorien innerhalb ihres historischen Kontextes wird ebenfalls maßgebend für Ecos Vorgehensweise sein, so dass er sich selbst als Philosophiehistoriker oder, allgemeiner, als Kulturhistoriker bezeichnet. Anders als z.B. in der Tradition der analytischen Philosophie zieht Eco allerdings keine strikte Trennung zwischen Historiographie und Theorie: Auch dort, wo er auf gegenwärtige Debatten eingeht oder aktuelle Probleme diskutiert, werden diese oft durch eine historische Rekonstruktion früherer Debatten oder Auffassungen eingeleitet und vermittelt.

*Nach einem Gemälde von Carlo Crivelli (ca. 1430–1495)

Exkurs: Analytische und kontinentale Philosophie

Mit der Trennung zwischen analytischer und kontinentaler Philosophie werden zwei Traditionslinien bezeichnet, die die Philosophie des 20. Jahrhunderts geprägt haben. Die analytische Philosophie umfasst verschiedene Ansätze der anglo-amerikanischen Philosophie, die durch eine strenge sprachphilosophische Analyse von Aussagesätzen gekennzeichnet sind. Dabei verfolgt sie die Vorstellung, dass viele philosophische Probleme nur Scheinprobleme sind, die auf einem falschen oder ungenauen Sprachgebrauch beruhen, auf Aussagen, die nicht empirisch verifiziert werden können. Sie setzt zu Beginn des 20. Jahrhunderts mit den Arbeiten von Bertrand Russell (1872–1970), Ludwig Wittgenstein (1889–1951) und den Vertretern des Wiener Kreises an, zu denen u.a. Moritz Schlick (1882–1936) und Rudolf Carnap (1891–1970) zählten. Zu den wichtigen Referenztexten gehört u.a. Gottlob Freges (1848–1925) 1892 erschienene Abhandlung „Über Sinn und Bedeutung". Ihre Verbreitung in Großbritannien und den USA hängt nicht zuletzt mit der Tatsache zusammen, dass viele Vertreter*innen des Wiener Kreises nach der Machtergreifung durch die Nationalsozialisten ins Exil gehen mussten.

Die kontinentale Philosophie bezeichnet dagegen die Strömungen, die Kontinentaleuropa im 20. Jahrhundert geprägt haben. Darunter fallen u.a. die Phänomenologie (insb. in ihrer französischen Weiterentwicklung), die Hermeneutik, die Kritische Theorie und die Diskursanalyse. Als Vorläufer ist Friedrich Nietzsche (1844–1900) zu nennen. Wie diese Aufzählung bereits anzeigt, ist es nicht einfach, von einer einheitlichen kontinentalen Philosophie zu sprechen, da ihre Bestimmung nicht eine methodische, sondern eine räumliche ist. In der kontinentalen Philosophie wird das Verhältnis von Sprache und Erkenntnis ebenfalls problematisiert, allerdings mit Blick auf deren historische und kulturelle Verortung. Die Interpretation von Aussagen, Handlungen oder Ereignissen findet unter Rückgriff auf eine soziale, historische und kulturelle Kontextualisierung statt. Auch die (kritische) Frage nach dem Subjekt, nach seinen Erfahrungen und seiner Rolle in der Gesellschaft kennzeichnet viele Ansätze der kontinentalen Philosophie.
Beide Strömungen standen lange Zeit in einem antagonistischen Verhältnis zueinander, die Bezeichnung „Kontinentalphilosophie" wurde von Seiten der Analytiker sogar als abwertend eingeführt und wird gelegentlich weiterhin so verwendet, inzwischen gibt es aber mehr und mehr Versuche, beide Linien zu verbinden.

Eco als kontinentaler Philosoph

Die Verbindung zwischen historiographischem Ansatz und Theoriebildung prägt Ecos Selbstverortung innerhalb des philosophischen Spektrums. Auch wenn er sich im Laufe der Zeit mehr und mehr mit sprachphilosophischen Ansätzen der analytischen Philosophie auseinandersetzen wird, versteht Eco sich zeitlebens als Vertreter der kontinentalen Philosophie. Man kann der analytischen Philosophie bis zu einem gewissen Grad, so Eco, eine Geschichtsvergessenheit vorwerfen, die mit einer „strickten Trennung zwischen Philosophie und Geschichte der Philosophie" einhergehe. Aus Sicht der Analytiker bestand „die Aufgabe der Philosophie darin, das Problem der Wahrheit oder Falschheit bestimmter Ideen anzugehen und hierfür war es nicht notwendig zu wissen, ob jemand in der Vergangenheit bereits diese Ideen oder ihr Gegenteil geäußert hatte." Dagegen weist die kontinentale Philosophie „ein hohes Maß an historischen Verweisen auf", wo der Rückgriff auf die klassischen Texte und Debatten der Philosophie oft den Ausgangspunkt für neue philosophische Überlegungen bildet. Dieser Punkt ist für Ecos eigenes Arbeiten zentral und damit auch ausschlaggebend für sein Selbstverständnis als „kontinentaler Philosoph" – auch dann, wenn er einige ihrer zentralen Vertreter, wie Nietzsche, Martin Heidegger (1889–1976) oder Jacques Derrida (1930–2004), kritisiert oder klassische Themen der analytischen Tradition behandelt.

Weitere philosophische Selbstverortung: Eco als Aufklärer

Während die katholische Prägung an Gewicht verlor, nahmen andere Einflüsse zu. Unter diesen nennt Eco den amerikanischen Pragmatismus, insbesondere in der Version von John Dewey (1859–1952), den Neo-Illuminismo (Neo-Aufklärung) von Nicola Abbagnano sowie die Wissenschaftstheorie von Ludovico Geymonat. Es sind nicht zuletzt diese Einflüsse, die Eco dazu führen werden, sich dezidiert in der Traditionslinie der Aufklärung zu verorten. Aus dieser Position heraus wird er sich in verschiedenen Zusammenhängen wiederum mit dem Phänomen ‚Religion' beschäftigen und in den Dialog mit Vertretern der katholischen Kirche treten, wie etwa 1996 in einem Briefwechsel mit dem Mailänder Kardinal Carlo Maria Martini (1927–2012), worin u.a. Fragen nach dem Beginn des Lebens, der kirchlichen Auffassung von den Geschlechtern oder der Möglichkeit einer Begründung der Ethik ohne Rückbezug auf transzendente Standpunkte behandelt werden.

Arbeit beim staatlichen Fernsehen

Trotz seiner herausragenden wissenschaftlichen Leistungen und seiner frühen Publikationstätigkeit findet Eco – dem eine akademische Laufbahn als Philosoph oder Mediävist eigentlich nichts im Wege zu stehen schien – erst über Umwege zu einer universitären Karriere. Von 1954 bis 1958 ist er bei der staatlichen Rundfunkanstalt RAI (Radio Audizioni Italiane, ab 1954 Radiotelevisione Italiana) beschäftigt. Die erste Sendung der RAI wurde am 3. Januar 1954 ausgestrahlt. Eco, der für das Kulturprogramm arbeitet, erlebt die Anfänge des neuen Massenmediums in Italien – einer Zeit, in der Experimentierfreudigkeit herrscht und noch vieles möglich zu sein scheint. In den Gängen begegnet man zentralen Figuren der internationalen Kulturlandschaft, so etwa Bertolt Brecht (1898–1956), Igor Strawinsky (1882–1971) oder Karlheinz Stockhausen (1928–2002). Im Stockwerk über seinem Büro befindet sich ab 1955 das von Luciano Berio (1925–2003) und Bruno Maderna (1920–1973) gegründete *Studio di Fonologia Musicale*, ein Labor für elektronische Musik. Berio und Maderna sind auch die Gründer der Zeitschrift *Incontri musicali*, worin Eco seine ersten Überlegungen zum offenen Kunstwerk veröffentlichen wird. Die Begegnung mit Berio wird eine wichtige Rolle in Ecos Auseinandersetzung mit den Künsten der Avantgarde spielen – nicht zuletzt auch in Form von Zusammenarbeiten, wie etwa an einer Hommage an James Joyce.

Analyse der Massenmedien

Seine praktische Tätigkeit beim staatlichen Fernsehen wird von einer theoretischen Tätigkeit begleitet. Bereits 1956 erscheint sein erster Aufsatz zu ästhetischen Fragen der Fernsehsendungen. Diese Kombination aus Erfahrung erster Hand und theoretischer Reflexion, die schnell die Grenzen der philosophischen Ästhetik in Richtung Soziologie, Kommunikations- und Medienwissenschaften überschreiten wird, markiert den Beginn einer lebenslangen Auseinandersetzung mit den Massenmedien und deren Entwicklung bis ins Internetzeitalter. Dabei weist sich die kritische Beobachtung der Entwicklungen des Fernsehens als kulturelles Phänomen von den frühen Live-Sendungen über die Geburt der privaten Sender und der unterschiedlichen Formen der Berichterstattung bis hin zu verschiedenen TV-Formaten wie etwa *Big Brother* als eine Konstante in Ecos Produktion auf: Sein letzter Text über das Fernsehen ist von 2015. Gemeinsam mit dem Interesse an den Massenmedien setzt eine wissenschaftlich fundierte Auseinandersetzung mit der Populärkultur an.

Apokalyptiker und Integrierte

Comics, Schlager, Groschenromane werden Gegenstand akademischer Studien. Gewissermaßen eine Neuigkeit in der universitären Landschaft im Italien der späten 50er und frühen 60er Jahre: Besorgte Kritiker sehen bereits den drohenden Ausverkauf der Bildung vorher, wenn Dante (oder Goethe) denselben Rang wie Donald Duck oder Snoopy besitzen und an Universitäten künftig Abschlussarbeiten über Micky Maus geschrieben werden. Ecos Antwort auf solche Kritiken entlarvt die dahinterliegende Mystifizierung der Kultur: Der wissenschaftliche Wert einer Untersuchung hängt nicht von ihrem Gegenstand ab, sondern von der Methode, die angewendet wird. Eine erste Zusammenstellung seiner Studien zur Massenkultur erscheint 1964 unter dem Titel *Apocalittici e integrati* (dt. *Apokalyptiker und Integrierte*).

Mit den Apokalyptikern sind diejenigen gemeint, die aus einer – so Eco – elitären und bildungsaristokratischen Perspektive heraus die Massenmedien kritisieren: Man denke an den Begriff der Kulturindustrie, der von Theodor W. Adorno und Max Horkheimer (1895–1973) geprägt wurde, aber auch an andere kulturpessimistische Positionen wie diejenigen von Günther Anders (1902–1992), José Ortega y Gasset (1883–1955) oder Elémire Zolla (1926–2002). Die Integrierten – dazu zählen u.a. der amerikanische Soziologe Edward Shils (1910–1995) und z.T. der kanadische Medienwissenschaftler Marshall McLuhan (1911–1980) – sind stattdessen diejenigen, die das Aufkommen der Massenkultur affirmativ als ein positives Ereignis aufnehmen, ohne sich damit sonderlich kritisch auseinanderzusetzen.

Für eine nüchterne Analyse der Populärkultur

Eco nimmt eine vermittelnde Rolle zwischen diesen zwei Extrempositionen ein: Er will nicht die Massenmedien verteufeln, noch will er ihr unkritisch-optimistischer Befürworter sein. Es geht ihm stattdessen darum, das Potenzial der Massenmedien zu erkunden, um zu verstehen, wie man sie für Bildungs- und später auch emanzipatorische Zwecke einsetzen kann. Dafür muss man die Struktur und die Funktionsweise der Medien kennen.

Arbeit im Verlag

Eine weitere außerakademische Erfahrung, die sich für Eco als prägend erweisen wird, ist die Arbeit als Wissenschaftslektor im Mailänder Verlag Bompiani, die er 1959 aufnehmen und 17 Jahre lang ausführen wird. Unter dem Verleger Valentino Bompiani (1898–1992) werden bereits in der Zwischenkriegszeit italienische und internationale Philosophen veröffentlicht, die einen frischen Wind in die von Benedetto Croce und Giovanni Gentile idealistisch geprägte Kultur bringen. Nach dem Krieg wird der Verlag eine wichtige Rolle bei der Internationalisierung der italienischen Kultur spielen – nicht zuletzt auch dank der Werke von Eco (die bis 2015 vorwiegend bei Bompiani erscheinen werden) und dank seiner Arbeit als Lektor und Reihenherausgeber.

Szene aus Michelangelo Antonionis Film *La Notte* (1961), die während eines Empfangs in einem Mailänder Verlag spielt, der an Bompiani angelehnt ist. Im Vordergrund Jeanne Moreau, im Hintergrund Umberto Eco (ohne Bart).

Die grossen Erfindungen im Bild der Geschichte

Eine der ersten Arbeiten, die Eco im Verlag übernimmt, ist die Betreuung des großformatigen Bildbandes *Storia figurata delle invenzioni. Dalla selce scheggiata al volo spaziale* (1961, dt. *Zum Nutzen des Menschen. Die grossen Erfindungen im Bild der Geschichte*) gemeinsam mit dem Ingenieur Giovanni Battista Zorzoli (1932). Das Buch rekonstruiert die Geschichte der technischen Erfindungen „von Faustkeil bis zu den Weltraumfahrten" – so der italienische Untertitel. Eco und Zorzoli sind für die Redaktion der Texte zuständig, die von verschiedenen Wissenschaftler*innen für das Buch verfasst wurden und nun allgemeinverständlich und leserfreundlich umgeschrieben werden müssen. Zur Vorarbeit gehörte u.a. eine extensive Recherchearbeit, die mit dem Besuch der wichtigsten Technikmuseen einherging. Diese Auseinandersetzung mit der Geschichte der Technik wird insbesondere in Ecos Romanen einige Spuren hinterlassen (man denke etwa an die Beschreibungen des Deutschen Museums im Roman *Das Foucaultsche Pendel*). Auch die redaktionelle Tätigkeit wird Ecos Stil prägen, insbesondere für die Art, wie er wissenschaftliche Texte verfassen wird, die trotz ihres akademischen Charakters leserfreundlich bleiben, bzw. wie er wissenschaftliche Themen in nicht-akademischen Texten vermitteln wird. Die künstlerische Leitung liegt beim italienischen Design-Pionier und Künstler Bruno Munari (1907–1998) und bei der deutschen Grafikerin Renate Ramge (1935), die während dieser Zusammenarbeit Eco kennenlernt. Beide werden 1962 heiraten.

Zwischen den Disziplinen

In den ausgehenden 50er und in den frühen 60er Jahren fängt Eco an, eine eigene Position zwischen Philosophie, Soziologie, Kommunikations- und Medientheorie einzunehmen, die akademisch noch schwer zu verorten ist. Bevor er 1975 den Lehrstuhl für Semiotik an der Universität Bologna erhalten wird, lehrt er in Turin (wo er 1961 Privatdozent wird und die Lehrbefugnis für Ästhetik erhält), Mailand und Florenz (dort am Institut für Architektur). Wenn er zu Kongressen in seiner Rolle als Philosoph eingeladen wird, spart er nicht mit einer Kritik an der Überheblichkeit, die im Totalitätsanspruch der Philosophie (und der Philosophen) sichtbar wird. So etwa 1963 auf einer Tagung, die die „Welt von Morgen" zum Thema hat und auf der er einen Vortrag über die interdisziplinäre Forschung hält. Gerade angesichts des Tagungsthemas, so Eco, zeigt sich die klassische philosophische Einstellung – sprich: die Metaphysik – als wenig zielführend: In einer Zeit epochaler Umbrüche kann die Frage nach der Welt und dem Menschen von Morgen nicht ausgehend von Kategorien beantwortet werden, die entstanden sind, um die Welt und den Menschen von Gestern zu beschreiben. Gemessen an den neuen Entwicklungen, die so radikal sind, dass sie einen neuen Begriff von Erfahrung benötigen, scheitern alte Bestimmungen.

Abschied vom metaphysischen Standpunkt

Eco sieht diese Gefahr insbesondere in der metaphysischen Einstellung vieler Philosophen, die – in der Tradition Platons – ihre Aufmerksamkeit auf die Totalität mit ihren festen und ewigen Strukturen richten. Als Beispiel bringt Eco das Bild eines Fotografen: Dieser kann ein Detail in der Nähe fokussieren, wodurch der Hintergrund unscharf wird, oder er kann die Landschaft als Ganze abbilden, wofür er den Fokuspunkt sozusagen im Unendlichen verorten muss, was zur Folge hat, dass die Dinge im Vordergrund unscharf werden. Der Metaphysiker will die Landschaft als Ganze abbilden und erfasst so nicht die Details im Vordergrund: Das Gebirge mag über die Jahrhunderte gleichbleiben, aber was in der Nähe des Betrachters passiert und sich ändert (Menschen in Bewegung, Gestalten, die entstehen und vergehen), wird nicht erfasst. Währenddessen richten die Vertreter*innen der Einzelwissenschaften den Fokuspunkt auf die Details im Vordergrund, vernachlässigen aber dadurch das Ganze. Diese Aufgabenteilung ist aber nicht mehr möglich: In einer zunehmend komplexer werdenden Welt – man denke u.a. an die Erkenntnisse von Albert Einsteins (1879–1955) Relativitätstheorie oder an Werner Heisenbergs (1901–1976) Unschärferelation – erlebt die Philosophie eine Krise ihrer eigenen Funktion, da sie ihrem Anspruch, eine „Technikerin des Ganzen" zu sein, nicht mehr gerecht werden kann, zugleich aber auch nicht denselben Status einer Einzelwissenschaft einnehmen kann.

Ausweg aus der Funktionskrise der Philosophie: die „interdisziplinäre Forschung“

Eine Reaktion der Philosophie auf ihre Funktionskrise besteht darin, zur Wissenschaftstheorie zu werden und über die Methoden und Ziele in den Einzelwissenschaften zu reflektieren und zu wachen. Eco sieht hierin einen legitimen Weg, vermisst aber eine Alternative, für die er sich stattdessen stark macht: Um ihrer traditionellen Berufung unter geänderten Bedingungen Folge zu leisten und sich weiterhin, wenn auch ohne Totalitätsanspruch, der Ebene des Allgemeinen widmen zu können, steht der Philosophie der Weg der „interdisziplinären Forschung“ offen. Die Philosoph*innen setzen sich mit den Forschungen auseinander, die in den Einzeldisziplinen durchgeführt werden, um „die unterschiedlichen Methoden und die verschiedenen Ergebnisse auf *deskriptive Modelle* zu reduzieren, die in der Lage sind, die Struktur der untersuchten Phänomene und der sie untersuchenden Ansätze zu reflektieren.“ Durch diese „interdisziplinäre Reduktion“ lassen sich anhand der Modelle „Strukturähnlichkeiten“ erkennen.

Gegen die Isolierung: die Philosophie im Austausch mit den Wissenschaften

Der Hinweis, dass man die „deskriptiven Modelle“, die man aus der „interdisziplinären Reduktion“ gewonnen hat, nicht mit einer „ontologischen Beschaffenheit“ der beschriebenen Gegenstände verwechseln darf, ist dabei zentral. Die durch die Reduktion gewonnenen Modelle sind Konstruktionen; die Strukturen, die dadurch sichtbar werden, gehören nicht der Seinsstruktur der beschriebenen Phänomene an, sondern zu deren Beschreibung. Durch die Sichtbarmachung von Strukturähnlichkeiten lassen sich wiederum die unterschiedlichsten Phänomenbereiche in Verbindung zueinander bringen. „Das fordert allerdings, dass der Philosoph nicht mehr ein isolierter Gelehrter sei, sondern einer, der in einem durchgängigen Austausch mit anderen steht, um kontinuierlich die Modelle zu überprüfen, die er erarbeitet, und um über deren Gültigkeit nur im lebendigen, offenen und progressiven Austausch zu entscheiden.“ Eco selber setzt seine Vorstellung einer „interdisziplinären Forschung“ in seiner Praxis als Philosoph und Intellektueller um, so etwa in seinem ersten Hauptwerk *Das offene Kunstwerk*, worin er die Strukturähnlichkeit der Avantgardekunst, der Informationstheorie und der modernen Physik untersucht, oder in seiner Rolle als einer der zentralen Theoretiker der italienischen Neo-Avantgarde, der sogenannten Gruppe 63.

Marxismuskritik und...

Ebenfalls 1963 veröffentlicht Eco in *Rinascita*, der Kulturzeitschrift der *Kommunistischen Partei Italiens*, einen längeren Artikel, worin er die Rückständigkeit der Partei in Sachen Kultur- und Gegenwartsanalyse kritisiert. Diese Rückständigkeit zeige sich im Festhalten an Vorstellungen des Menschen und der Kultur, die nicht mehr in der Lage seien, die veränderte Gegenwart zu beschreiben: Die Metaphysikkritik, die er an die Philosophie richtet, wird hier zur Kritik der blinden Flecke der kommunistischen Kulturpolitik. Diese pflegt – gegen ihren eigenen emanzipatorischen Impetus gewendet – letztlich einen aristokratischen und elitären Kulturbegriff, der wiederum einem humanistischen Weltbild in der Tradition der Renaissance entspricht. Gemessen daran, werde die Kultur für die Massen nicht nur als Ausdruck einer neokapitalistischen Ordnung angesehen, sondern auch als Bedrohung von Kultur überhaupt. Dagegen wendet Eco ein, dass der Neokapitalismus und insgesamt das Atomzeitalter zu so fundamentalen Änderungen im Verhältnis von Mensch und Welt geführt haben, dass erst eine neue Beschreibung von „Kultur" nötig sei, um einen adäquaten Begriff von Kultur bilden zu können, der frei von ideologischen Hypotheken ist.

... Nähe zum Marxismus

Wo der Marxismus zur Weltanschauung erstarrt, verrät er sein Potential als Analyseinstrument gesellschaftlicher Wandlungsprozesse. Eco selber versteht sich als Intellektueller, der sich im linken Spektrum verortet und kritisches Denken als verändernde Praxis auffasst. Kritisches Denken „lässt nicht die Weltanschauung als *Fundament* von Forschung zu, sondern als *Gegenstand* einer konstanten Revision." Der dogmatische Marxismus lässt eine Kombination mit anderen Methoden allerdings nicht zu. Diese Abgrenzung betrifft insbesondere die (positivistische) Soziologie und die Kulturanthropologie, die – aus jener dogmatischen Perspektive betrachtet – als Ausdruck der bürgerlichen Kultur verstanden werden und letztlich die Funktion erfüllen, diese zu rechtfertigen. Gegen diese Auffassung macht Eco gerade einen multimethodischen und differenzierenden Ansatz stark. Darin besitzt der Marxismus nur dann methodische Gültigkeit, wenn er sich mit anderen Ansätzen kombinieren lässt.

Ein dynamisches Basis-Überbau-Modell

Innerhalb der marxistischen Theorie plädiert Eco für eine dynamische Auffassung des Verhältnisses von ökonomischer Basis und sozio-kulturellem Überbau. In der marxistischen Theorie sind Wandlungen auf der Ebene der Kultur, der Religion, Moral, Philosophie, aber auch der Politik und der Regierungs- und Staatsformen abhängig von den Produktionsverhältnissen, die die Basis ausmachen. Eine dogmatische Variante fasst dieses Verhältnis als unidirektional auf: Die Wirkung verläuft ausschließlich in eine Richtung, von der Basis zum Überbau. Entsprechend vollziehen sich Wandlungen im Überbau *nach* jenen auf der Ebene der Basis. Gegen diese einseitige Auslegung der marxistischen Basis-Überbau-Theorie stellt Eco eine dynamische Analyse auf: Nicht nur gibt es eine Wechselwirkung zwischen Basis und Überbau, sondern auch eine eigene Zeitlichkeit in der Entwicklung des Überbaus, die sich nicht mechanisch auf die ökonomischen Entwicklungen zurückführen lässt. Hierbei ist Ecos Argumentationsstrategie interessant, da er immer wieder darauf hinweist, dass die Kritik, die er hervorbringt, bereits bei Karl Marx (1818–1883) angelegt sei – und das in einem Artikel, der im offiziellen Parteiorgan erscheint. Die kommunistischen Intellektuellen sollten, so der implizite Vorwurf, gründlicher ihre Klassiker lesen.

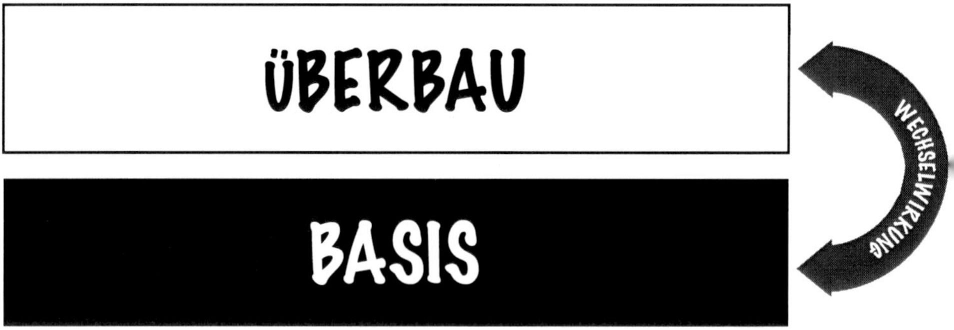

Vertreter eines unorthodoxen Marxismus

Neben Marx als Kronzeugen, verweist Eco auch auf andere Philosophen, die bereits ähnliche Positionen vertreten haben. So nimmt er Bezug auf Ernst Blochs (1885–1977) Theorie der „Gleichzeitigkeit des Ungleichzeitigen" und der unterschiedlichen zeitlichen Entwicklungslinien, die Gesellschaften prägen. In anderen, etwas späteren Texten wird Walter Benjamin (1892–1940) ebenfalls zu einem Referenzautor werden. Bloch und Benjamin waren Vertreter eines unorthodoxen Marxismus, was sie u.a. in die Nähe ihres Freundes Theodor W. Adorno rückt. Doch anders als dieser, waren jene offen für eine konstruktive Analyse der Massenmedien Radio und Film sowie der Produkte der Unterhaltungskultur (Kolportageromane, Mickey Mouse). Benjamin untersucht in seinem Aufsatz *Das Kunstwerk im Zeitalter seiner technischen Reproduzierbarkeit* aus den 1930ern die Frage, inwiefern der traditionelle Kunstbegriff überhaupt noch in der Lage sei, neue Phänomene wie Fotografie und Film zu fassen, und ob diese Phänomene nicht eher dazu führen, den Begriff der Kunst überhaupt aufzugeben. Hinzu kommt seine Analyse der anthropologischen Veränderungen, die im Zuge medialer Wandlungen stattfinden (etwa als Neuorganisation des menschlichen Wahrnehmungsapparates angesichts der zunehmenden Geschwindigkeit, die das moderne Leben ausmacht) – auch hier eine deutliche Nähe zu Ecos eigenen Fragestellungen.

Ein ethnologischer Blick

Damit kritisches Denken zu einer verändernden Praxis führen kann, muss es erst in der Lage sein, seinen Gegenstand angemessen zu erfassen. Ausgehend von Positionen der Kulturanthropologie richtet Eco einen ethnologischen Blick nicht auf die fremde, sondern auch auf die eigene Kultur, um die vermeintlich ahistorischen, absolut gesetzten Begriffe (Mensch, Vernunft, Kunst,...) zu historisieren und in ihrer Tragweite zu relativieren. Die Erkenntnis der historischen Kontingenz der eigenen Begriffe und Analysekategorien ist ein erster, wesentlicher Schritt, um diese weiterzuentwickeln. Eco ist sich dabei bewusst, dass auch dort, wo man versucht, ideologische Einflüsse zu minimieren, trotzdem die Auswahl einer Methode oder die Einnahme einer Perspektive immer auch Ausdruck einer Ideologie ist. Um ihr nicht bei der Wahrnehmung und Beurteilung von Phänomenen blind zu verfallen, ist es daher wichtig, ein Bewusstsein für diese Interferenz zu haben, sie zu reflektieren und sichtbar zu machen. Nur so entgeht man der Gefahr, dem „Mythos der Objektivität" zu verfallen: dem Glauben, dass die eigene Position und die eigenen Erkenntnismedien neutral seien.

METHODIK À LA ECO

1. Phase:	**Reduktion eines Phänomens auf „strukturelle Modelle"**
2. Phase:	**Identifikation von Strukturähnlichkeiten durch die Anwendung desselben Begriffsinstrumentariums bei der Analyse unterschiedlicher Phänomene**
3. Phase:	**Die so gewonnenen „strukturellen Modelle" in die dynamische Beziehung von Basis und Überbau einführen**

Methodische Vorgehensweise – Phänomenologie, Strukturalismus und Marxismus

Die bereits erwähnte „interdisziplinäre Reduktion" unterschiedlicher Phänomene auf *deskriptive Modelle* wird in diesem Rahmen weiter ausdifferenziert. Eco beschreibt drei Phasen, in die sich seine methodische Vorgehensweise einteilen lässt. Angesichts der steigenden Komplexität kultureller und gesellschaftlicher Phänomene sieht die erste Phase ihre Reduktion auf „strukturelle Modelle" vor, die durch eine beschreibende Analyse erreicht wird. In der zweiten Phase findet die Identifikation von Strukturähnlichkeiten durch die Anwendung *desselben* Begriffsinstrumentariums bei der Analyse *unterschiedlicher* Phänomene statt. Erst in der dritten Phase werden die so gewonnenen „strukturellen Modelle" wieder in die dynamische Beziehung von Basis und Überbau – somit in ihre ökonomische und historische Dimension – eingeführt.

Diese Vorgehensweise verbindet drei wissenschaftliche Ansätze. Die erste Phase greift die phänomenologische Reduktion auf: die Epoché. Damit ist die Zurückhaltung bzw. Urteilsenthaltung bei der Betrachtung eines Gegenstandes gemeint: Der Betrachter schaltet all die Vorannahmen und Vorurteile aus, um das Wesen des Gegenstandes zu erkennen. Was durch die Reduktion erscheint, ist das Struktur*modell* der Phänomene. Hier nähert sich Eco dem Strukturalismus an, der Anfang der 60er Jahre in den Sprachwissenschaften (Roman Jakobson), in der Anthropologie (Claude Lévi-Strauss, 1908–2009) und in der Literaturwissenschaft (Roland Barthes, 1915–1980) prägend war. Diese Nähe zeigt sich in der zweiten Phase, die in der Hervorhebung der Strukturanalogien zwischen verschiedenen Phänomenen die historische (also: diachrone) Dimension ausklammert und die synchrone Dimension hervorhebt. Der Marxismus wird wiederum in der dritten Phase eingeschaltet, wenn die diachrone Dimension und die Analyse der Ungleichzeitigkeiten zur Geltung kommen.

Beschreibung als Apologie des Bestehenden?

In der Debatte, die Ecos Artikel ausgelöst hat und von Claudio und Giandomenico Crapis ausführlich rekonstruiert wurde, kehrt der Vorwurf der Apologie des Bestehenden wieder. Dieser Vorwurf besteht in der Unterstellung, dass ein rein deskriptiver Ansatz letztlich die bestehenden Verhältnisse nur reproduziert und in ihrer Existenz bestätigt, statt sie in einer kritisch-emanzipatorischen Absicht zu analysieren – und das, obwohl Eco Emanzipation und Veränderung als explizite Ziele seiner Analysen hervorhebt. Insbesondere der Strukturalismus wird zur Zielscheibe marxistischer Ansätze, da er oft mit einer reinen Beschreibung von Strukturen gleichgesetzt wird. Angesichts dieser Frontenstellung zeugt Ecos Verbindung von Strukturalismus, Marxismus und Phänomenologie (und Hermeneutik, denkt man an seinen Lehrer Pareyson) von seiner vorurteilsfreien und undogmatischen Art, methodische Ansätze zu verbinden.

Erklären und Rechtfertigen

Mit dem Vorwurf, Erklären und Rechtfertigen gleichzusetzen, wird Eco wiederholt konfrontiert werden. Ein Beispiel hierfür ist die Reaktion auf seine Auffächerung des Kulturbegriffs im Essay „Esiste la controcultura?" von 1976. In seinem Plädoyer für einen anthropologischen Kulturbegriff weist Eco auf die Reaktionen hin, die sein am 29. März 1976 im *Corriere della Sera* erschienener Artikel „Le baccanti e i cannibali" hervorgerufen hat. Darin spricht er, ähnlich wie man es als Ethnologe machen würde, in seiner Analyse des linken Terrorismus in Italien von einer „Kultur der P.38" (der Walther P.38, einer Symbolwaffe des linken Terrorismus im Italien der 1970er Jahre). Die „P.38" dient Eco als Metonymie, um ein bestimmtes Ensemble an Glaubensinhalten, Praktiken, moralischen Vorstellungen usw. zu erklären. Die Reaktionen fallen auch hier empört aus, weil viele Leser*innen Erklären und Rechtfertigen verwechseln, nicht zuletzt aufgrund eben jenes elitären Verständnisses von ‚Kultur', so dass die metonymische Rede von der P.38 als ‚Kulturphänomen' als Versuch aufgefasst wurde, die Praktiken des Terrorismus als Kultur zu nobilitieren und zu rechtfertigen. Dabei sei, so Eco, das Gegenteil der Fall: „Nur aus dem tieferen Verständnis der Ereignisse kann die politische Entscheidung hervorgehen, die Gegenwart im Sinne dessen zu verändern, was wir als zu verwirklichenden Wert erachten."

Vorbote der semiotischen Phase

Claudio und Giandomenico Crapis identifizieren Ecos Artikel aus *Rinascita* als Kern seiner künftigen semiotischen Arbeiten. Wenn die Voraussetzung für die Erkenntnis von Strukturähnlichkeiten nicht in der ontologischen Beschaffenheit der unterschiedlichen analysierten Phänomene liegt, sondern in der Tatsache, dass man sie mit denselben Analyseinstrumenten untersuchen kann, dann weist dieser Ansatz auf die späteren semiotischen Analysen hin, in denen die unterschiedlichsten kulturellen Felder mit einem einheitlichen Instrumentarium untersucht werden. Die marxistischen Elemente seiner Theorie werden ebenfalls explizit mindestens bis Ende der 70er Jahre nachwirken und danach noch implizit seine Arbeiten prägen. So versteht sich sein 1975 erschienener *A Theory of Semiotics* (dt. *Semiotik. Entwurf einer Theorie der Zeichen*) auch als Beitrag zu einer Sozialkritik, die, wie Anna Maria Lorusso schreibt, eine wichtige Rolle bei der Erkennung der Funktionsweisen von Ideologie spielt.

Kunst der Neoavantgarde und Konsumkultur

Den konkreten Anlass für den Artikel stellte die abwertende Haltung der kommunistischen Kulturfunktionäre gegenüber der Konsumkultur und der neoavantgardistischen Kunst dar, die beide als Ausdruck einer neokapitalistischen Ordnung galten und somit automatisch (weltanschaulich, nicht kritisch) abgewertet wurden. Der Artikel löste daher eine Debatte innerhalb der linken Kulturszene aus. Zusammen mit dem *Offenen Kunstwerk* und *Apokalyptiker und Integrierte* trug er mit der Zeit zu einer Neuorientierung der linken Kultur bei, die zu ihrer progressiven Öffnung gegenüber den Massenmedien *und* den neuen Avantgarden führen wird.

Exkurs: Avantgarde

Der Begriff ‚Avantgarde' geht auf das militärische Vokabular zurück und bezeichnet die Vorhut, also diejenige Gruppe, die dem Heer vorausgeht. Mit den künstlerischen Avantgarden bezeichnet man jene Gruppen und Bewegungen, die einen Vorstoß in neue Gegenden wagen und auf diese Weise nicht nur mit den gängigen Regeln und Normen des Kunstsystems brechen, sondern in ihren radikalsten Versionen den Begriff der Kunst überhaupt in Frage stellen. Werke der Avantgardebewegungen finden sich in der Malerei, Literatur, Musik, Fotografie und im Film. Ausgehend von Renato Poggiolis Studie *Teoria dell'arte di avanguardia* (1962) fasst Eco folgende Merkmale der Avantgardebewegungen zusammen:

- „*Aktivismus:* Enthusiasmus, Abenteuerlust, Zweckfreiheit;
- *Antagonismus:* Opposition gegen etwas oder jemanden;
- *Nihilismus:* keinerlei Skrupel im Niederreißen der traditionellen Schranken, Verachtung der gängigen Werte;
- *Kult der Jugendlichkeit*;
- *Ludizität*: kämpferischer Einsatz bis zur Selbstaufopferung, Fähigkeit zum Suizid im richtigen Augenblick, Geschmack an der eigenen Katastrophe;
- *Revoluzzertum und Terrorismus* (im kulturellen Sinn);
- *Selbstpropaganda*: rücksichtlose Durchsetzung des eigenen Modells als des einzig möglichen;
- *Vorrang der Poetik vor dem Werk*."

Zu den klassischen Avantgarden gehören jene Kunstströmungen – die sogenannten „-ismen" –, die um 1900 und bis in die frühen 30er Jahre entstanden sind. Darunter fallen u.a. der Futurismus, der Kubismus, der Expressionismus, der Konstruktivismus, der Dadaismus und der Surrealismus. Diese Strömungen definieren jeweils das Verhältnis von Kunst und Wirklichkeit neu. In der Malerei z.B. findet eine Ablösung von einer realistischen Abbildung der Wirklichkeit statt. Dies hängt nicht zuletzt mit der Etablierung der Fotografie als technisches und ‚objektives' Medium zur Wiedergabe der Wirklichkeit, ‚so wie sie ist', zusammen. Indem die Technik die exakte Wiedergabe der Wirklichkeit – vormals Aufgabe der Malerei – übernimmt, ‚emanzipiert' sich die Malerei vom Realismus. Diese Emanzipation geht mit der Erkundung neuer formaler Möglichkeiten und neuer künstlerischer Techniken einher.

Eine weitere Grenzziehung, die in Frage gestellt wird, ist diejenige zwischen Kunst und Leben: Viele Avantgardebewegungen streben eine Auflösung der Kunst im Leben an, die wiederum verschiedene Formen annehmen kann, etwa einen elitären Rückzug aus der Gesellschaft oder eine radikale Überführung der Kunst in die Alltagspraxis. Eine enge Verbindung besteht in den meisten Fällen auch zwischen künstlerischem und politischem Aktivismus, der die ganze Breite des politischen Spektrums radikaler Positionen einnimmt (von den Sympathien für den Faschismus im italienischen Futurismus, der Teilhabe der russischen Futuristen an der Aufbruchsstimmung der ersten Jahre nach der Oktoberrevolution bis hin zu den anarchistischen Positionen der Dadaisten oder der Hinwendung zum Kommunismus einiger Mitglieder des Surrealismus). Bereits die Formulierung ‚klassische Avantgarde' weist jedoch auf eine innere Spannung in den Avantgardebewegungen hin: Entstanden aus dem Willen zum Bruch mit der Tradition, werden sie selbst wiederum kanonisiert. Eine Möglichkeit, um dem Schicksal, ‚Klassiker' zu werden, zu entgehen, besteht in einer kontinuierlichen Grenzüberschreitung, die – am Ende – so z.B. Eco in seiner Analyse der Avantgarden, jegliche Möglichkeit von Kommunikation negiert.

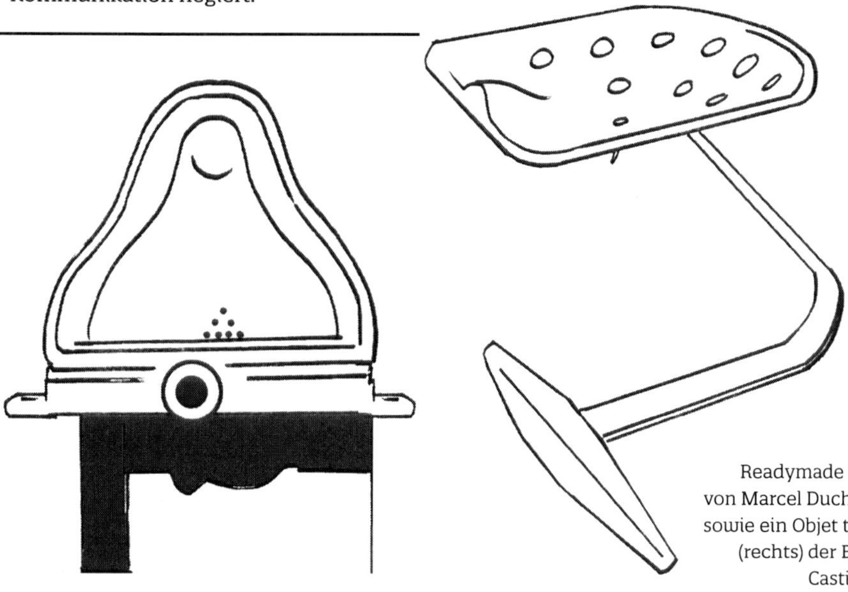

Readymade (links) von Marcel Duchamps sowie ein Objet trouvé (rechts) der Brüder Castiglioni.

Experimentelle Kunst und Avantgarde

In seinen theoretischen Überlegungen zur Avantgarde führt Eco eine Unterscheidung zwischen experimenteller Kunst und Avantgardebewegung ein. Jedes Kunstwerk, das „innovativ gegenüber den etablierten Traditionen" operiert, kann als experimentell bezeichnet werden. Während die experimentelle Kunst allerdings gegen die Regeln verstößt, um neue Regeln aufzustellen, wodurch sich ihre anfängliche Neuheit und Unverständlichkeit im Laufe der Zeit auflösen und idealerweise zur Norm werden (Eco schreibt, dass „der Wille, *akzeptiert zu werden*" das ist, was der experimentelle Schriftsteller mit dem Regelbruch verfolgt), ist das Ziel der Avantgardebewegungen viel radikaler: „Wenn Piero Manzoni eine weiße Leinwand malt, macht er noch experimentelle Malerei; wenn er eine hermetisch geschlossene Schachtel in ein Museum stellt und verkündet, sie enthalte ‚Künstlerscheiße', macht er avantgardistische Kunst. Im ersten Fall stellt er die Möglichkeiten und Grenzen der Malerei zur Diskussion, im zweiten die Idee der Kunst als solcher und ihrer Museifizierung."

Die Neoavantgarde und die Gruppe 63

Experimentelle Kunst und Avantgardekunst schließen sich nicht aus. So beschreibt Eco etwa die italienische Gruppe 63 als eine Neoavantgardebewegung, in der beide Formen koexistieren. Die Gruppe 63 erhielt ihren Namen in Anlehnung an die in Westdeutschland 1947 gegründete Gruppe 47. Von dieser übernahm die Gruppe 63 die Vorgehensweise der gemeinsamen Treffen, bei denen die einzelnen Mitglieder aus ihren Werken vortrugen und daraufhin von den anderen Teilnehmer*innen kritisiert wurden. Trotz der Heterogenität der Gruppe gibt es relevante Gemeinsamkeiten, etwa die Zugehörigkeit zur Zwischenkriegsgeneration, die Prägung durch die „norditalienische Aufklärung" mit ihrer anti-idealistischen Einstellung und die Öffnung zur europäischen Kultur. Viele der Mitglieder haben zudem in der von Luciano Anceschi (1911–1995) herausgegebenen Zeitschrift *Il Verri* ihre lyrischen oder theoretischen Texte veröffentlicht. Aber es ist nicht zuletzt die Tatsache der Teilnahme an den Gruppentreffen mit der Vorstellung und Kritik der eigenen Werke als *work in progress*, die als konstitutives Merkmal der Gruppenzugehörigkeit gilt.

*Zitat aus Hofmannsthals „Brief des Lord Chandos"

Sprachkrise

Die Gruppe 63 setzt sich produktiv mit der Sprachkrise und der damit einhergehenden Zäsur im Verhältnis von Sprache und Wirklichkeit auseinander. Paradigmatisch wird diese Krisenerfahrung in Hugo von Hofmannsthals (1874–1929) epochemachendem fiktiven „Brief des Lord Chandos" (1902) formuliert. Lord Chandos schreibt an Francis Bacon einen Brief, um sich für den „ganzlichen Verzicht[] auf literarische Bethätigung zu entschuldigen". Der Grund liegt im Gefühl einer progressiven Fremdheit zwischen den Worten und der Wirklichkeit, die sie beschreiben sollen. Lord Chandos versucht, dieses Fremdheitsgefühl zu konkretisieren, indem er seine Verfassung beim Hören von alltäglichen Gesprächen beschreibt, in denen über Mitmenschen geurteilt wird: „Mein Geist zwang mich, alle Dinge, die in einem solchen Gespräch vorkamen, in einer unheimlichen Nähe zu sehen: wie ich einmal in einem Vergrößerungsglas ein Stück von der Haut meines kleinen Fingers gesehen hatte, das einem Blachfeld mit Furchen und Höhlen glich, so ging es mir nun mit den Menschen und ihren Handlungen. Es gelang mir nicht mehr, sie mit dem vereinfachenden Blick der Gewohnheit zu erfassen. Es zerfiel mir alles in Teile, die Teile wieder in Teile, und nichts mehr ließ sich mit einem Begriff umspannen."

Angelo Guglielmi

Wie weiter schreiben?

Doch während Lord Chandos entscheidet, auf das Schreiben zu verzichten, sehen die Mitglieder der Gruppe 63 diese Zäsur als Aufgabe an, der sich die experimentelle Literatur (und die Kunst allgemein) stellen muss. „Jede Brücke zwischen Wort und Ding ist eingestürzt", so Angelo Guglielmi (1929–2022), der neben Eco und Renato Barilli (1935) zu den wichtigsten Theoretikern der Gruppe 63 gehörte. Trotzdem bleibt die Erfassung bzw. Erkenntnis der Wirklichkeit „der Hauptzweck des Schreibens", so dass sich angesichts dieser Krisenerfahrung die Frage stellt, wie die Sprache sozusagen geborgen, gerettet werden kann: „Die Sprache als Abbild der Wirklichkeit ist nunmehr ein verrückter Mechanismus. [...] Die Sprache, die bisher zur Wirklichkeit in einem Verhältnis der Repräsentation stand, dadurch, dass sie sich ihr gegenüber in eine Frontalstellung begab, wie ein Spiegel, in dem die Wirklichkeit direkt reflektiert wurde, wird ihren Standpunkt ändern müssen. Das heißt, sie muss entweder in das Innere der Wirklichkeit vordringen und sich von einem reflektierenden Spiegel in ein genaues Registriergerät verwandeln, das selbst die irrationalsten Vorgänge bei der Entstehung der Wirklichkeit aufzeichnet; oder sie muss, indem sie weiterhin außerhalb der Wirklichkeit bleibt, einen Filter zwischen sich und die Wirklichkeit setzen, durch den die Dinge, die sich zu surrealen Bildern ausdehnen oder zu halluzinierten Formen verlängern, beginnen, sich zu offenbaren." Diese zwei Wege stehen für Reaktionen auf die Sprachkrise, die nach dem Brüchigwerden des Verhältnisses zwischen Sprache und Wirklichkeit nicht im Schweigen enden, sondern bei der Krise ansetzen, um neue Formen des Schreibens – und somit auch eine neue Beziehung zur Wirklichkeit – zu finden. Die Arbeiten der Gruppe 63 verortet Guglielmi innerhalb dieser zweiten Reaktionsmöglichkeit. Alfredo Giuliani (1924–2007), Herausgeber der Gedichtanthologie *I novissimi* (1961), der Keimzelle der späteren Gruppe 63, wird von der Faszination gegenüber einer „Definition der Schizophrenie als einer Existenzform, in der die Subjektivität und Objektivität der Welt gleichermaßen unmöglich sind" sprechen. Entsprechend tendiert er eher zur ersten Reaktionsmöglichkeit. Sofern von einer Widerspiegelungsfunktion der Sprache noch die Rede sein kann, dann nur als „kritische Mimesis der universellen Schizophrenie": Die neue Poesie „misst sich an der *Zersetzung der Bedeutungen und der physiognomischen Instabilität* der sprachlichen Welt, in die wir eingetaucht sind, aber auch an sich selbst, an ihrer Erfindungsgabe."

Das Emanzipationspotenzial entfremdeter Darstellung

Auch in Ecos Reflexionen über das Verhältnis von Kunst, Sprache und Wirklichkeit spielen beide skizzierten Wege eine wichtige Rolle. Die Stoßrichtung bleibt dabei eine emanzipatorische – auch dort, wo die Kunst (vermeintlich) zum Ausdruck des Irrationalen verkommt. Die Polemik gegen die Kulturpolitik der Kommunistischen Partei hinterlässt auch hier ihre Spuren: Wenn in der Literatur die mimetische Angleichung an die Perspektive des schizophrenen, entfremdeten Subjekts inszeniert und dadurch die Welt als Chaos dargestellt wird, ist das kein Antihumanismus – wie die parteitreuen Kulturkritiker behaupten, die wiederum den Fehler begehen, die neue Situation anhand eines anachronistischen Menschenbildes zu messen –, sondern ein Humanismus, insofern es vom heutigen Menschen spricht, wie er ist. Doch die Polemik geht viel weiter, wie Eco in seinem Aufsatz „Form als Engagement" (1963) ausführt: Indem die linientreuen Intellektuellen der Neoavantgarde Irrationalismus vorwerfen, erkennen sie nicht das Emanzipationspotenzial dieser entfremdeten (und somit paradoxerweise einzig „realistischen") Darstellungsweise: „Sie ist diejenige Kunst, die, um die Welt zu erfassen, zu ihr hinabsteigt, aus ihr die Bedingungen der Krise aufnimmt und, um sie zu beschreiben, dieselbe entfremdete Sprache verwendet, in der diese Welt sich ausdrückt: indem sie aber diese Sprache transparent macht, sie als Form der Darstellung herausstellt, tut sie das uns Entfremdende von ihr ab und befähigt uns, sie zu demystifizieren. Das kann der Anfang des Handelns werden."

Literatur und industrielles Zeitalter

Die veränderte Relation zwischen Subjekt und Wirklichkeit, in der beide Pole unsicher geworden sind, verlangt nach neuen Formen ihrer Darstellung. Eine Debatte, die Anfang der 1960er Jahre geführt wurde, betraf die Frage nach dem Verhältnis von Literatur und Industrialisierung, insbesondere die Frage nach der Art, wie in der Literatur (aber auch im Film, in der Malerei) die durch die Industrialisierung geprägte moderne Welt adäquat repräsentiert werden sollte. Eco – und mit ihm die Vertreter der Neoavantgarde – wirft der offiziellen Parteiästhetik vor, durch die dogmatische Setzung des sozialistischen Realismus die neue Wirklichkeit zu verfehlen, da diese Form des Realismus noch an klassische Darstellungsformen gebunden ist: Auch dort, wo über Entfremdung erzählt wird, passiert dies anhand einer linearen Erzählstruktur, durch die Darstellung positiver Helden mit einer nachvollziehbaren Psychologie.

„Form als Engagement“

Um der neuen Wirklichkeit, ihrer Unübersichtlichkeit, ihrem Ordnungsverlust gerecht zu werden, reicht es nicht aus, diese als Gegenstand der Kunst (als ihr Sujet) zu behandeln, vielmehr müssen sich die künstlerischen Ausdrucksformen selbst dieser neuen Situation stellen, sich von ihr affizieren lassen: „Die erste Aussage, die die Kunst macht, macht sie vermittels ihres *Gestaltungsmodus*; die erste Behauptung, die die Kunst über die Welt und den Menschen aufstellt, diejenige, die sie rechtens aufstellt, und die einzige, die einen wirklichen Sinn hat, stellt sie auf durch eine bestimmte Disposition ihrer Formen und nicht dadurch, daß sie vermittels ihrer eine Reihe von Urteilen über einen bestimmten Gegenstand ausspricht. *Scheinbar* über die Welt reden, dadurch, daß man ein bestimmtes ‚Sujet‘ erzählt, das unmittelbar mit unserem konkreten Leben zusammenhängt, kann die offenkundigste und zugleich unauffälligste Art sein, sich vor dem Problem, das interessiert, zu drücken, nämlich durch die Reduktion einer aktuellen Problematik auf den Bereich eines Kommunikationssystems, das an eine andere geschichtliche Situation gebunden ist, womit man dann de facto gar nichts über uns sagt.“

Form als Ausdruck des Weltverhältnisses

Um der neuen geschichtlichen Situation gerecht zu werden, muss ein neues Kommunikationssystem erst geschaffen werden. Diese Aufgabe übernimmt die experimentelle Kunst, die vorerst einen Bruch mit der Tradition darstellt, aber nicht mit dem Ziel, Kommunikation zu verunmöglichen, sondern um neue Formen der Kommunikation zu erschaffen. Wie sich die Kunst zur Wirklichkeit verhält, zeigt sich in der Art, wie sie diese Relation gestaltet. Es findet somit eine Verlagerung vom Inhalt zur Form statt, die mit einem Primat der Form einhergeht: „Der eigentliche *Inhalt* des Kunstwerks wird somit *seine Art, die Welt zu sehen* und zu beurteilen, ausgedrückt in einem *Gestaltungsmodus*, und auf dieser Ebene muß dann auch die Untersuchung der Beziehungen zwischen Kunst und Welt geführt werden.“

Die „Generation Neptuns"

Dieser enge Zusammenhang von destruktiven und konstruktiven Momenten zeichnet für die Vertreter*innen der Gruppe 63 den experimentellen Charakter ihrer Produktion aus, im Gegensatz zu den klassischen Avantgarden, bei denen die Radikalität zu einem Überbietungsgestus führt, der in der Destruktion und Nicht-Kommunizierbarkeit endet. Insbesondere bei Eco steht das konstruktive Moment im Vordergrund. Die experimentelle Kunst muss stets davor bewahrt werden, zum Selbstzweck zu verkommen. Deshalb ist die kollektive Dimension der Gruppe wichtig: Die Arbeit der einzelnen Künstler konfrontiert sich in ihrem Entstehen mit den kritischen Rückmeldungen der anderen Gruppenmitglieder.

Dabei ist ihnen bewusst, dass die neokapitalistische Logik jede avantgardistische Regung schnell metabolisiert und somit dem Markt zuführt: Kunst wird zum Statussymbol neutralisiert. Statt sich als Außenseiter zu stilisieren, stellen die Gruppenmitglieder bewusst ihre Rolle innerhalb des Kulturestablishments aus: Verlagsmitarbeiter, Universitätsprofessoren, Angestellte im öffentlichen Rundfunk, Kritiker, Journalisten, die das System und dessen Strukturen kennen und es von innen verändern wollen: „Man verlässt das System nicht, außer im Moment der Revolution: wenn überhaupt, arbeitet man aus seinem Inneren heraus, um es zu verändern, aber mit den Mitteln, die das System uns zur Verfügung stellt (vielleicht sogar im Moment des revolutionären Höhepunkts, wenn die Barrikaden gebaut werden)." Die Zeit der großen revolutionären Gesten, als ein*e Künstler*in noch beanspruchen konnte, alleine die Welt zu verändern, ist vorbei. Auf diese Generation, die Eco als die „Generation des Vulcanus" (der römischen Gottheit des Feuers) bezeichnet, folgt die „Generation Neptuns", des Meeresgottes, deren Wirken unterirdisch verläuft.

Die Gruppe 63, mit ihren Treffen, ihren theoretischen Diskussionen und ihrer kollektiven und gemeinschaftlichen Dimension, ist, nach Eco, Ausdruck einer solchen Generation. Auch nach dem Ende der Gruppe 1969 (im Hintergrund stehen die 68er-Bewegung und die unterschiedlichen Reaktionen der Gruppenmitglieder darauf) hört ihre Wirkung nicht auf. Vielmehr verläuft sie subkutan, um z.B. in den 90ern von neuen Schriftstellergenerationen wiederaufgenommen zu werden.

Das offene Kunstwerk

Den theoretischen Höhepunkt von Ecos Überlegungen zur Kunst der Avantgarde stellt *Das offene Kunstwerk* dar. Das 1962 erschienene Buch – eine Sammlung von Aufsätzen, die Ende der 50er und Anfang der 60er Jahre entstanden sind – wurde zu einem der zentrale Referenztexte der Gruppe 63 und machte Eco nicht nur in Italien über die akademischen Kreise schlagartig bekannt, sondern auch international. Man kann dieses Buch als *work in progress* bezeichnen, da er es für die 1967 erschienene zweite Auflage nochmal überarbeitete und für einzelne Analysen ein semiotisches Begriffsinventar übernahm. Das Buch beinhaltet, so Dieter Mersch zusammenfassend, „keine allgemeine Ästhetik im Sinne einer Theorie der Künste, sondern argumentiert in erster Linie exemplarisch und historisch, indem es entlang einschlägiger Beispiele aus allen Disziplinen und Gattungen der Kunst – von Berio, Pousseur und Pierre Boulez über Stéphane Mallarmé, Franz Kafka und Bert Brecht bis schließlich zu Alexander Calder, Naum Gabo und Wols, Dubuffet oder das *action painting* und die *art brut* [...] – über die prinzipielle Offenheit künstlerischer Produktionen und ihrer Interpretierbarkeit spricht. Darüber hinaus bezieht es sich auf die neoavantgardistischen Avantgarden, die bewusst auf die Unbestimmtheit und Unabschließbarkeit der Formen durch Einbeziehung von Zufällen und die Destruktion der Einheit des Sinns setzten." Doch die wichtigsten Bezugspunkte stellen „James Joyce' *Ulysses* und *Finnegans Wake* [dar], die in direkten Vergleich mit den einschlägigen Tendenzen Neuer Musik, den malerischen Avantgarden und der Literatur des Nouveau Roman gestellt werden".

Offenheit als Ermöglichung einer Vielzahl an Interpretationen

Die aufgelisteten Schriftsteller, Musiker, Maler, bildenden Künstler, zusätzlich wäre noch ein Regisseur wie Michelangelo Antonioni (1912–2007) zu nennen, weisen auf die Bandbreite der behandelten Kunstgattungen und auf den Epochenschwerpunkt – die Kunst der Moderne – hin. Das Grundgerüst für die Analysen liefert Pareysons Theorie der Formativität. Die zentrale Erkenntnis, die Eco von Pareyson übernimmt, betrifft die Vielzahl der möglichen Interpretationen: „Als endgültige sind die Interpretationen parallel zueinander, so daß eine die anderen ausschließt, ohne sie doch zu negieren ..." – so Pareyson. Demnach erweist sich jede „endgültige" Interpretation letztlich als eine „vorläufige", denn auch dort, wo eine Interpretation den Anspruch hegt, die *wahre* Auslegung zu sein und daher (der Tendenz nach) die anderen Interpretationen ausschließt, negiert diese eine Interpretation trotzdem nie andere Interpretationen, die weiterhin möglich bleiben, weil das Kunstwerk konstitutiv, der eigenen Struktur nach, offen ist.

Das offene Kunstwerk als „epistemologisches Problem"

Wie Riccardo Fedriga herausarbeitet, stellt sich Eco die Frage nach dem offenen Kunstwerk nicht als „ontologisches (was gibt es)" oder „metaphysisches (warum gibt es das, was es gibt)", sondern als ein „epistemologisches Problem (wie gibt es das, was es gibt)" dar. Im Mittelpunkt steht daher, wie Stefano Traini hervorhebt, das Verhältnis von Kunst und Epistemologie, nicht von Kunst und Ontologie. Diese epistemologische Dimension betrifft wiederum zwei Ebenen: diejenige des Kunstwerks selbst, in der Frage, wie es zu dessen Offenheit kommt, und diejenige des Verhältnisses von Kunst und Wirklichkeit, in der Frage, ob Kunst zur Erkenntnis der Wirklichkeit beiträgt. Die erste Frage lässt sich nicht nur ausgehend von einer Analyse der Struktur der Kunstwerke und deren Kompositionsregeln beantworten, während die zweite, wie Eco in der Debatte zur Rolle der Literatur in der industriellen Gesellschaft ausführlich darlegt, nicht über die Analyse der Inhalte, des Sujets der Kunst gelöst werden kann. Vielmehr hängen beide Fragen zusammen und lassen sich erst durch die Miteinbeziehung einer historischen Perspektive angemessen beantworten.

„Systematisch-metaphorische“ und „diagnostisch-buchstäbliche“ Offenheit

Eco geht dabei von zwei Thesen aus. Die erste These betrifft die Kunst auf einer allgemeinen Ebene und schließt damit unmittelbar an Pareysons *Ästhetik* an: Jedes Kunstwerk ist „offen“ und „jede als ästhetisch organisiert auffaßbare Form ist ‚offen‘. Und zwar [...] auch dann, wenn der Künstler nicht Mehrdeutigkeit, sondern eine eindeutige Botschaft anstrebt.“ Es handelt sich dabei, wie Juliane Rebentisch betont, um eine „systematisch-metaphorische Rede von der Offenheit“ im Sinne einer „generellen Bedeutungsoffenheit“ der Kunstwerke, die eine Autonomie der Form gegenüber der Intention der Künstler*innen behauptet. Die zweite ist eine historische These: Viele Kunstwerke der Moderne (insbesondere der Avantgarde und Neoavantgarde) sind bewusst auf „Offenheit“ angelegt: Die Künstler*innen machen die Offenheit „zu ihrem produktiven Programm“. Juliane Rebentisch spricht diesbezüglich von einer „diagnostisch-buchstäbliche[n] Rede von der Offenheit des neueren Kunstwerks im Sinne seiner konkreten Unvollendetheit“. Dieses spezifisch moderne Offenheits-Paradigma erfährt eine Steigerung in dem, was Eco „Kunstwerk in Bewegung“ nennt: „Der Interpret wird hier“, so Juliane Rebentisch, „am Machen des Kunstwerks beteiligt“, wodurch er „in gewisser Hinsicht Teil des Produktionsprozesses“ wird.

Kunst als „epistemologische Metapher"

Um die historische These zu belegen, setzt Eco bei einer Rekonstruktion der sich wandelnden Verhältnisse von Kunst und Wirklichkeit bzw. der unterschiedlichen religiösen, philosophischen und wissenschaftlichen Weltbilder an. Dabei fasst er das Kunstwerk als eine *„epistemologische Metapher"* auf: „das will heißen, daß in jeder Epoche die Art, in der die Kunstformen sich strukturieren – durch Ähnlichkeit, Verwandlung in Metaphern, kurz Umwandlung des Begriffs in Gestalt –, die Art, wie die Wissenschaft oder überhaupt die Kultur dieser Epoche die Realität sieht, widerspiegelt." Die Kunstwerke werden somit nicht als unmittelbare Beschreibung einer Wirklichkeit gedeutet, sondern als Modelle, die uns etwas über die historisch bedingten Interpretationen der Wirklichkeit sagen. So steht das offene Kunstwerk der Moderne am Ende einer längeren Entwicklung, die bereits im 17. Jahrhundert, in der Epoche des Barocks, ansetzt. Für die Kunst der Antike, des Mittelalters und noch der Renaissance spricht Eco, historisch gesehen, dagegen von „geschlossenen" Kunstwerken. Damit sind solche Kunstwerke gemeint, bei denen die Art der Interpretation durch kanonische Kompositionsprinzipien oder strenge stilistische und rhetorische Regeln stark reglementiert wird.

Das Beispiel Zentralperspektive

Die bereits in der Antike ansetzende „zunehmende Reifung des Bewußtseins von der Funktion der interpretierenden Subjektivität gegenüber dem Werk" führt nicht zu einer korrespondierenden Steigerung der Offenheit des Kunstwerks, sondern zum Einsatz verschiedener Techniken zur Lenkung der Rezipient*innen, so etwa bereits bei den Vorformen der Zentralperspektive, die in der antiken Malerei zu finden sind, aber erst in der Renaissance (wieder)entdeckt und perfektioniert werden sollte: „die verschiedenen perspektivischen Kunstgriffe sind nichts anderes als Konzessionen an die Erfordernisse der Situationsbestimmtheit des Betrachters, um ihn dazu zu bringen, daß er die Gestalt *in der einzig richtigen Weise* sieht, der nämlich, auf die der Urheber (durch die Anwendung visueller Kunstgriffe) das Bewußtsein des Rezipierenden konzentrieren wollte." Die Wandlung des Weltbildes lässt sich gerade am Bruch, der sich zwischen Renaissance und Barock ereignet, gut darstellen. Eco spricht von der „statische[n] und unmißverständliche[n] Bestimmtheit der klassischen Renaissanceform, des um eine Mittelachse entwickelten Raumes, der von symmetrischen Linien und geschlossenen Winkeln, die auf das Zentrum hinweisen, so begrenzt wird, daß eher die Vorstellung von einer ‚essentiellen' Ewigkeit als von Bewegung suggeriert wird." Durch die Zentralperspektive wird den Betrachter*innen sozusagen vorgegeben, von wo aus und wie sie das Bild zu sehen haben.

Die barocke Kunst und das Ende des Geozentrismus

„Die barocke Form hingegen ist“, so Eco weiter, „dynamisch, strebt nach einer Unbestimmtheit der Wirkung (in ihrem Spiel von Fülle und Leere, Licht und Schatten, mit ihren Kurven, gebrochenen Linien, unterschiedlichen Neigungswinkeln) und suggeriert eine fortschreitende Auflösung des Raumes; das Streben nach Bewegung und Illusion bewirkt, daß die plastischen Massen des Barock niemals die Feststellung eines bevorzugten, frontalen, definierten Standpunktes gestatten, von dem aus sie zu betrachten wären, sondern den Betrachter ständig dazu veranlassen, den Standort zu wechseln, um das Werk unter immer neuen Aspekten zu sehen, so als ob es in beständiger Umwandlung begriffen wäre.“ Soweit die Beschreibung der Unterschiede auf der Ebene der Struktur der Kunstwerke, sei es in der Malerei, der Skulptur oder Architektur. Die Bedeutung der Kunstwerke als „epistemologische Metaphern“ kommt zum Tragen, wenn die Kunstwerke in Relation zu den Wandlungen im wissenschaftlichen Weltbild gestellt werden: Das „Aufgeben des zwingenden Zentrums der Komposition, des bevorzugten Gesichtspunktes, geht Hand in Hand mit dem Sichdurchsetzen des kopernikanischen Weltbildes, das dem Geozentrismus endgültig ein Ende macht, und mit allen seinen metaphysischen Folgen. Im wissenschaftlichen Weltbild der Neuzeit erscheinen, ebenso wie in Architektur und Malerei des Barock, alle Teile als gleichwertig und in gleicher Weise gültig. Das Ganze ist bestrebt, sich im Unendlichen aufzulösen, da es weder Grenze noch Zügel in irgendeiner idealen Regel der Welt findet, sondern teilhat an einem allgemeinen Entdeckungsdrang und dem stets erneuerten Kontakt mit der Realität.“

Wissenschaft und Kunst in der Moderne

Weitere Etappen auf dem Weg zum offenen Kunstwerk im modernen Sinne stellen die Epoche der Romantik (Ende 18. und Anfang 19. Jhd.) sowie die Strömung des Symbolismus (19. Jhd.) dar, worin die Offenheit zunehmend programmatisch wird, indem die Künstler*innen ihre Werke bewusst so gestalten, dass die Unbestimmtheit und Mehrdeutigkeit nicht mehr als ‚Nebeneffekte‘ erscheinen, sondern als Bestandteile der Rezeption vorgesehen werden. Im 20. Jhd. kommt dieser programmatische Aspekt vollends zur Geltung, indem auch konkurrierende wissenschaftliche Weltmodelle Eingang in die Konstruktion finden: „So kommt es, daß Phänomene, wie die Kunstwerke in Bewegung, gleichzeitig epistemologische Situationen reflektieren, die einander gegenüberstehen, sich widersprechen oder noch nicht miteinander versöhnt sind. Es kommt z.B. vor, daß, während Offenheit und Dynamismus eines Kunstwerkes die für die Quantenphysik charakteristischen Begriffe der Unbestimmtheit und Diskontinuität evozieren, dieselben Phänomene zur gleichen Zeit als suggestive Bilder für einige von der Einsteinschen Physik beschriebene Situationen erscheinen.“

Strukturmodelle

Die Parallelen zwischen den Formen der Kunstwerke und den Weltmodellen der Naturwissenschaften lassen sich, wie Eco betont, als „Strukturanalogien“ beschreiben. Es sind diese materialreichen Analysen, mit denen Eco seinen theoretischen Ansatz einer Neubestimmung der Philosophie als interdisziplinäre und vergleichende Analyse kultureller und wissenschaftlicher Phänomene am Beispiel der Kunst konkretisiert.

Kunst zwischen „Entgrenzung" und „Erfahrung"

Die Offenheit korrespondiert (auch hier im Sinne Pareysons) mit einer Vervollständigung bzw. Verwirklichung des Kunstwerks im Akt der Interpretation: „Jede Rezeption ist eine *Interpretation* und eine *Realisation*, da bei jeder Rezeption das Werk in einer originellen Perspektive neu auflebt." Zugleich, auch hier seinem Lehrer folgend, untersucht Eco, wie diese Offenheit bereits in den Kunstwerken angelegt ist, also wie ihr Gemachtsein ihre (im Grenzfall) unendliche Interpretierbarkeit ermöglicht. Neben der konkreten Analyse der Strukturen der Kunstwerke tritt die Auseinandersetzung mit den Poetiken hinzu. Was Eco hier zusammenführt, sind eine produktions- und eine rezeptionsästhetische Perspektive: die Rekonstruktion des Herstellungsprozesses der Kunstwerke sowie die Analyse der Art, wie Kunstwerke interpretiert werden. Die Formgebung lässt sich nicht nur im künstlerischen Akt des Hervorbringens ansiedeln, sondern gleichfalls im Akt der Interpretation, bis hin zu einer Kooperation zwischen Kunstwerk und Rezipient*in. Diese Doppelperspektive steht im Zentrum der Debatten über die Gegenwartskunst insgesamt und lässt sich, mit Juliane Rebentisch, ausgehend von den Begriffen „Entgrenzung" und „Erfahrung" beschreiben. Das Phänomen der Entgrenzung konzentriert sich „eher produktionsästhetisch auf die neuartigen *Formen*, die die Kunst seit den 1960er Jahren annimmt", während die Erfahrung „eher rezeptionsästhetisch die *Wirkungen* [...], die von der Kunst ausgehen", fokussiert.

Das Kunstwerk als „Möglichkeitsfeld" der Interpretationen

Eco interessiert sich für beide Aspekte: für die Entgrenzung der ästhetischen Formen, die dazu führen, dass der Werkbegriff an seine Grenzen gelangt, und für die Erfahrung, nicht zuletzt hinsichtlich der Frage, woran es liegt, dass man Kunst genießen kann. Dabei berücksichtigt die Frage nach der Rezeption nicht nur die nach der Interpretation der Kunstwerke durch ein Publikum, sondern, wie bei Pareyson, auch die technische Dimension der Aufführung (beispielsweise bei der Musik), die exemplarisch für eine Untrennbarkeit von Rezeptivität und Aktivität steht: „Der Interpret hat nicht nur, wie in der traditionellen Musik, die Möglichkeit, die Anweisungen des Komponisten seinem eigenen Empfinden gemäß aufzufassen, sondern soll in die Form der Komposition selbst eingreifen, häufig durch Bestimmung der Notendauer oder der Abfolge der Töne in einem Akt schöpferischer Improvisation." Die Komposition ist, wie der Musiktheoretiker und Komponist Henri Pousseur (1929–2009) schreibt, „weniger ein Stück als ein *Möglichkeitsfeld*, eine Einladung zum Auswählen".

Aktive Rolle des Rezipienten vs. Kontemplation

„In der offenen Form neuerer Kunst", so Rebentisch (im Bild unten), „manifestiert sich die aktive Rolle, die den Interpreten bei der Konstitution des Werks als Werk zukommt: Es wird erst durch sein Interpretiertwerden ins Werk gesetzt." Dieses aktive Moment bestimmt auch die Möglichkeit, ein Kunstwerk zu genießen: Der Genuss des Kunstwerks ist nicht an dessen vollkommener und endgültiger Erfassung/Erschließung gebunden, sondern an der Akzeptanz einer „Offenheit zweiten Grades", die, nach Eco, der „Kontemplation der *wiedergefundenen Ordnung*" diametral entgegengesetzt ist. Die Kontemplation – ein Begriff, der aus der metaphysischen Tradition stammt – steht für eine klassische Weise der Rezeption von Kunst, bei der man sich vor das Kunstwerk stellt und sich in es vertieft. Eine solche passive Art der Rezeption eignet sich nicht mehr für die moderne Kunst, da diese die aktive Beteiligung der Rezipient*innen (heraus-)fordert. Die Interpretation eines Kunstwerks, so Eco, folgt nicht mehr dem Ziel, einen Zustand der Ordnung wiederherzustellen, sondern die Möglichkeit von Ordnung überhaupt zu hinterfragen, wodurch sich auch die Bedeutung des Kunstwerks ändert: „Die Bedeutung liegt auf dem Prozeß, auf der Möglichkeit, viele Ordnungen auszumachen. Das Empfangen einer in offener Weise strukturierten Botschaft führt dazu, daß die Erwartung [...] *weniger ein Vorhersehen des Erwarteten als ein Erwarten des Unvorhergesehenen impliziert.*"

Der Kunstgenuss als Erfahrung von Freiheit

Der Genuss entsteht daraus, dass man sich einer „Reihe beständiger Krisen" hingibt, denn nur dieser permanente Zustand des Provisorischen eröffnet den Rezipient*innen einen Möglichkeitsraum und somit eine „Wahlfreiheit", die immer wieder erneuert werden kann und in der die eigene Interpretation nicht per se die Gültigkeit der Interpretation des Anderen ausschließt: „Dann instaurieren wir, innerhalb dieser Unordnung, rein vorläufige Wahrscheinlichkeitssysteme und Versuche, die komplementär sind zu anderen, die wir – gleichzeitig oder später – ebensogut akzeptieren können, und freuen uns so an der Gleichwahrscheinlichkeit von allen und an der offenen Disponibilität des Gesamtprozesses." Die Erfahrung der Freiheit, die aus der Vielzahl möglicher Interpretationen entsteht, verweist auf eine pädagogische und emanzipatorische Funktion insbesondere der modernen Kunst, da diese – man denke an die experimentelle Kunst der Avantgarde und Neoavantgarde – explizit auf Offenheit angelegt ist und somit ebenjene Erfahrung in gesteigerter Form hervorbringt: „Die Offenheit ist [...] also Bedingung für jeden Kunstgenuß".

Einübung in die „transzendentale Obdachlosigkeit“

Auch der Besuch einer Kunstausstellung, die der Avantgardekunst gewidmet ist, kann eine ähnliche pädagogische Wirkung erzeugen. Die Besucher*innen werden nicht nur mit einer Vielzahl unterschiedlicher Stile und künstlerischer Techniken konfrontiert, sondern auch mit einer Abfolge unterschiedlicher, sich z.T. widersprechender Auffassungen von Kunst insgesamt. Die Auseinandersetzung damit gewöhnt die Betrachter*innen an das Fehlen einer alleingültigen Ordnung und einer eindeutigen Beschreibung der Wirklichkeit zugunsten einer Erfahrung der Unbestimmtheit und der Vielzahl unterschiedlicher konkurrierender Beschreibungsmodelle, die die „transzendentale Obdachlosigkeit“ (nach einer Formulierung von Georg Lukács, 1885–1971) unser modernes Leben als solches prägen.

Jean Dubuffet:
Tableaux d'assemblage (1957)

Jackson Pollock:
Number 31 (1949)

Kunst und Kommunikation

„Das Kunstwerk“, so Pareyson, „regelt seine eigenen Lesarten“. Die „Freiheit“ der Interpretation steht in einem z.T. prekären Gleichgewicht zur „Treue“ gegenüber dem Werk und dessen Interpretationsvorgaben: Es kommt „zu einer Dialektik zwischen dem Werk und der Erfahrung, die ich damit mache, und es wird gefordert, daß ich das Werk auf der Grundlage meiner Erfahrung beurteilen und meine Erfahrung auf Grundlage des Werkes kontrollieren kann.“ In *Das offene Kunstwerk* spielt die Intention der Künstler*innen noch eine regulative Rolle, da sie als Ausgangspunkt für die Organisation der Materie im Kunstwerk vorausgesetzt wird und somit auch als Garantin für den Sinn des Kunstwerks wirkt – bis hin zur bereits beschriebenen Situation, bei der der Sinn darin bestehen kann, das Fehlen jeglichen Sinns auszustellen. Die Frage, auf die sich diese Problematik zuspitzen lässt, ist die nach dem Verhältnis von Kunstwerk und Kommunikation. Eco setzt sich mit dieser Frage ausgehend von der Analyse der informellen Kunst auseinander. Die Bezeichnung Informell „hat sich als Sammelbegriff für alle Varianten der nicht-figürlichen bildenden Kunst durchgesetzt“, die sich in Europa und den USA nach 1945 entwickelt haben (Tachismus, *art brut, art autre, action painting*). Doch wie lässt sich bei einem Bild von Jean Dubuffet (1901–1985) oder von Jackson Pollock (1912–1956) noch von Kommunikation sprechen? Und was meint Eco, wenn er schreibt: „‚Informell‘ heißt in diesem Sinne Ablehnung der klassischen, nur in einer Richtung zu verstehenden Formen, nicht Aufgeben der Form als der Grundbedingung für die Kommunikation“?

„Form als Grundbedingung für Kommunikation"

Die Abgrenzung zu den „klassischen, nur in eine Richtung zu verstehenden Formen" wird nachvollziehbar, wenn man Dubuffets oder Pollocks Bilder mit einem Gemälde vergleicht, das nach den Regeln der Zentralperspektive komponiert ist: Die Struktur des Bildes zeichnet eine Blickachse vor, die unsere Betrachtung lenkt. In der informellen Malerei fehlt eine solche Lenkung, wodurch der Freiheitsgrad der Interpretationen steigt. Trotzdem verzichten solche Bilder nicht auf die „Form als die Grundbedingung für die Kommunikation". Das Vorhandensein einer Form (deren Erkennbarkeit) und, damit einhergehend, der Werkcharakter am Kunst*werk* bilden die Voraussetzung für die Interpretierbarkeit eines *Kunst*werks. Dazu tragen verschiedene Instanzen bei: „Es ist wirklich so, daß allein die Absicht das Rauschen zum Signal macht: die bloße Verbringung eines Stückes Sackleinwand in den Raum eines Bildes genügt, um die rohe Materie als Artefakt zu kennzeichnen."

Die Aufnahme der „rohen Materie" in ein Bild organisiert diese Materie auf eine bestimmte Art, so dass „ehe es ein Feld von *zu treffenden Wahlen* wird" (Ebene der Rezeption), „schon ein *Feld getroffener Wahlen* ist" (Ebene der Produktion), die „Ergebnis einer Intention und füglich eines Werkes sind". Das Gelingen einer solchen Verwandlung, die durch die Intention der Künstler*innen angestrebt wird, setzt allerdings voraus, dass es kodifizierte Elemente sowie einen institutionellen Rahmen gibt, die es erlauben, eine solche Absicht zu erkennen (oder eine solche zu unterstellen). Man denke z.B. an den Bilderrahmen, der nicht nur zwischen Innen und Außen, sondern auch zwischen Bild und Nicht-Bild unterscheidet, oder an die Institution Museum als Raum, der Dinge sozusagen in Kunst verwandeln kann. In beiden Fällen handelt es sich um Dispositive, die die Wahrnehmung der Rezipient*innen auf eine bestimmte Weise lenken.

Dialektik zwischen Offenheit und Kunstwerk

Die Relation zwischen Kunstwerk und Offenheit ist dort, wo die Offenheit programmatisch ist, also von den Künstler*innen als Konstruktionsprinzip bewusst eingesetzt wird, um einen hohen Grad an Unbestimmtheit zu erlangen, nicht frei von Spannungen: „Ein *Kunstwerk* ist *offen*, solange es *Kunstwerk* bleibt, jenseits dieser Grenze wird die Offenheit zum *Rauschen*." Georg W. Bertram fasst diese Problematik wie folgt treffend zusammen: „Die Offenheit, die dem Kunstwerk aufgrund seiner spezifischen Unbestimmtheit eigen ist, steht aber in Gefahr, überhaupt nicht verstanden zu werden. So verlöre das Kunstwerk dort, wo es Offenheit herstellt, seinen Zeichenstatus und gäbe keine Bedeutungen mehr zu erkennen." Um diese Dialektik zwischen Offenheit und Kunstwerk beschreiben zu können, greift Eco auf die Informationstheorie zurück.

„Bedeutung“ und „Information“

Unter welchen Kommunikationsbedingungen findet künstlerische Kommunikation im offenen Kunstwerk, das bewusst als solches konzipiert wird, statt? Sie lässt sich abgrenzen von „der Kommunikation zu praktischen Zwecken“, bei der es „auf *Bedeutung, Ordnung, Evidenz*“ ankommt. Diese Art der Kommunikation soll möglichst eindeutig sein und „keine Möglichkeit für Mißverständnisse und persönliche Deutungen zulassen“. Ein Kunstwerk hat auch nicht die Funktion, die z.B. ein Verkehrsschild ausübt, bei dem das „kommunikative Faktum unabhängig vom ästhetischen Faktum besteht“, da es seine Funktion einer „konventionellen Botschaft“ erfüllt, sobald verstanden wurde, was es bedeutet, ohne dass man danach „den Drang verspürt, zum Zeichen zurückzukehren, um in der organisierten Materie die Effizienz der erzielten Kommunikation zu genießen“. Die künstlerische Kommunikation bietet ein gänzlich anderes Szenario: Der in ihr angestrebte Wert ist „die nicht eingeschränkte Vielfalt der möglichen Bedeutungen“. Dieser angestrebte Wert lässt sich ausgehend von der Informationstheorie mit der Unterscheidung zwischen „Bedeutung“ und „Information“ beschreiben. Die Bedeutung einer Botschaft wird durch die „‚Redundanz‘ der Struktur“ bestimmt, durch das Einhalten von Konventionen, das Befolgen vorgegebener sprachlicher Regeln, deren Einhalten die Kommunikation reguliert und sie vorhersehbar macht, weil sie auf der Wiederholung vorgegebener Elemente basiert. „Umgekehrt“, so Eco, „je mehr die Struktur unwahrscheinlich, mehrdeutig, unvorhersehbar, ungeordnet wird, desto mehr nimmt die *Information* zu. Information wird hier also als Möglichkeit zu informieren, als Virtualität möglicher Ordnungen verstanden.“ Der Informationsgehalt einer Botschaft ist höher, wo der Interpretationsspielraum größer ist. Für die Informationstheorie spielt der Inhalt der Botschaft dabei keine Rolle. Sie berücksichtigt lediglich „die Anzahl der Alternativen, die zur eindeutigen Beschreibung des Ereignisses erforderlich sind“ sowie die „Alternativen, die sich – an der Quelle – als mit-möglich zeigen.“

Sprache als unsichtbares Instrument

Kommunikationsformen, die praktische Zwecke verfolgen, kennzeichnen unseren Alltag. Die Sprache wird dabei als neutrales Instrument verwendet. Im Idealfall bleibt sie in ihrer Selbstverständlichkeit sozusagen unsichtbar: Die Sprecher*innen reflektieren nicht über ihre Eigenheiten, sondern verwenden sie lediglich. Dieser Sachverhalt wird, hinsichtlich des Gebrauchs von Werkzeugen, von Karl Marx im *Kapital* analysiert. Bei der Arbeit mit der Spindel vergisst die arbeitende Person, dass ihr Werkzeug und das Material, woran sie arbeitet, ihrerseits „Produkte vergangener Arbeit", also selber etwas Gemachtes, bereits Hergestelltes sind. Auf ihre bloße Anwendung reduziert, sehen wir sie nicht als Artefakte. Das Bewusstsein für das Gemacht-sein von Material und Werkzeug wird erst durch eine Störung im Ablauf erweckt: „Machen Produktionsmittel im Arbeitsprozeß ihren Charakter als Produkte vergangner Arbeit geltend, so durch ihre Mängel." Wenn das Material mangelhaft ist oder das Werkzeug nicht einwandfrei funktioniert, verlieren sie ihre Selbstverständlichkeit, wodurch der Blick der Arbeiter*innen auf ihre Beschaffenheit gerichtet wird.

Verfremdung

Bezogen auf die Sprache wurde dieser Prozess der Entselbstverständlichung von den russischen Formalisten analysiert. Dabei handelt es sich um eine Gruppe von Sprach- und Literaturwissenschaftler*innen, die zwischen 1915 und 1930 wirksam waren und – in Anschluss an Ferdinand de Saussure – u.a. die Art untersuchten, wie sprachliche Kunstwerke gemacht sind. Zu ihren Mitgliedern gehörten u.a. Wiktor Borissowitsch Schklowski (1893–1984) und Roman Jakobson (1896–1982). In seinem Aufsatz „Kunst als Verfahren" (1916) untersucht Schklowski, worin sich die Sprache der Literatur von der Alltagssprache unterscheidet. Dabei führt er den Begriff der *„Ostranenie*" (dt. *Verfremdung*) ein. Eco greift diesen Begriff bereits in *Das offene Kunstwerk* auf, er wird in der sogenannten semiotischen Phase für die Weiterentwicklung der Analysen der ästhetischen Botschaft weiter an Relevanz gewinnen: „Der Verfremdungseffekt realisiert sich durch die Entautomatisierung der Sprache. Die Sprache hat uns daran gewöhnt, gewisse Fakten nach bestimmten Kombinationsgesetzen und durch feste Formeln darzustellen. Plötzlich aber gebraucht ein Autor, um etwas zu beschreiben, was wir vielleicht schon immer gesehen und gekannt haben, die Wörter (oder andere Arten von Zeichen) auf eine andere Art, und unsere erste Reaktion zeigt sich in einem Gefühl der *Fremdheit*, in einer Unfähigkeit fast, das Objekt wiederzuerkennen." Ausgehend von Jakobsons Bestimmung der „ästhetischen Funktion" fasst Eco seine Überlegungen zur ästhetischen Botschaft in *La struttura assente* (1968, dt. *Einführung in die Semiotik)* und, nochmal überarbeitet, in seinem *A Theory of Semiotics* unter semiotischen Vorzeichen erneut zusammen.

Exkurs: Roman Jakobsons Kommunikationsmodell

Um die Spezifik der „poetischen Funktion“ erkennen zu können, betrachtet Jakobson sie in Relation zu den anderen Funktionen der Kommunikation. Dafür ist es vorab notwendig, die „konstitutiven Faktoren“ zu untersuchen, die „in jedem verbalen Kommunikationsakt“ vorkommen: „Der SENDER macht dem EMPFÄNGER eine MITTEILUNG. Um wirksam zu sein, bedarf die Mitteilung eines KONTEXTS, auf den sie sich bezieht [...], erfaßbar für den Empfänger und verbal oder verbalisierbar; erforderlich ist ferner ein KODE, der ganz oder zumindest teilweise dem Sender und dem Empfänger [...] gemeinsam ist; schließlich bedarf es auch noch eines KONTAKTS, eines physischen Kanals oder einer psychologischen Verbindung zwischen Sender und Empfänger, der es beiden ermöglicht, in Kommunikation zu treten und zu bleiben.“

KONTEXT

MITTEILUNG

SENDER —————————————————— EMPFÄNGER

KONTAKT

KODE

Diesen Faktoren entspricht wiederum eine spezifische Funktion, und die „jeweils dominierende Funktion bestimmt die Struktur der Mitteilung“. Man spricht von einer „REFERENTIELLEN Funktion“, wenn die „Orientierung auf den KONTEXT“ überwiegt. Diese Funktion bestimmt den Großteil unserer Alltagskommunikation, bei der es um die Vermittlung eines bestimmten Inhalts geht. Die „EMOTIVE Funktion“ richtet sich an den SENDER und „bringt die Haltung des Sprechers zum Gesprochenen unmittelbar zum Ausdruck“, z.B. Ironie oder Zorn. Diese Funktion drückt sich, so Jakobson, u.a. auf der Lautebene (der phonetischen Ebene) aus, wenn wir etwa, um Ironie zu signalisieren, im Englischen beim Wort [big] den Vokal emphatisch Dehnen [bi:g]. Diese phonetische Eigenheit lässt sich als Signal für Ironie deuten, weil es inzwischen als solches kodifiziert ist. Die „KONATIVE Funktion“ kennzeichnet die „Ausrichtung auf den EMPFÄNGER“ und drückt sich z.B. im Vokativ oder Imperativ aus, etwa in der Aufforderung: „Trink!“ Die „PHATISCHE Funktion“ bezeichnet die „Einstellung auf den KONTAKT“. Sie dient der Herstellung und dann Verlängerung von Kommunikation sowie der Vergewisserung, dass „der Kanal offen ist“, wie etwa die Frage, die man am Telefon (oder bei Online-Meetings) stellt: „Hallo, können Sie mich hören?“ Die „METASPRACHLICHE Funktion“ orientiert sich am KODE und dient ihrer Klärung, etwa durch Fragen wie „Ich verstehe nicht, was Sie meinen?“ oder durch Erläuterungen von Wörtern (man denke dabei an Kommunikation mit Kindern, bei der man die Bedeutung der verwendeten Wörter erklären muss). Die „POETISCHE Funktion der Sprache“ markiert die „Einstellung auf die BOTSCHAFT als solche“. Dabei gilt es festzuhalten, dass diese Funktion nicht ausschließlich bei der Dichtung vorkommt, sondern auch in anderen Kommunikationskontexten eine (wenn gleich untergeordnete) Rolle spielen kann.

REFERENTIELL

POETISCH

EMOTIV — KONATIV

PHATISCH

METASPRACHLICH

Poetische Funktion und Verfremdung

Die Irritation, die durch die Verfremdung einsetzt, lenkt unsere Aufmerksamkeit auf die Botschaft selbst, auf ihre Beschaffenheit und ihre Struktur. Ein Beispiel hierfür wäre die Verwendung von Metaphern. Sofern sie konventionalisiert sind, bilden sie keinen Störfaktor, weil kulturell festgelegt ist, was mit der metaphorischen Redeweise ‚eigentlich' gemeint ist, etwa wenn wir vom „Tischbein" sprechen (man spricht dann von einer Katachrese). Wo die Metapher nicht konventionalisiert ist, erfahren wir sie als eine spannungsgeladene, widersprüchliche Äußerung, die unterschiedliche Bedeutungen aufweist, ein „Gefühl der ‚Merkwürdigkeit'" erzeugt und somit ein ‚glattes' Verständnis des Textes unterbricht: „Aber eine Botschaft, die mich in der Schwebe zwischen Information und Redundanz hält, die mich zu der Frage treibt, was das denn heißen soll, während ich im Nebel der Ambiguität etwas erblicke, was auf dem Grunde meine Decodierung leitet, eine solche Botschaft beginne ich zu beobachten, *um zu sehen, wie sie gemacht ist.*" Diese „erneute Betrachtung der Botschaft" lässt uns nicht nur „das Dargestellte auf verschiedene Weise betrachten", sondern zugleich „auch die Darstellungsmittel und den Code".

Der Philosoph
Georg W. Bertram

Rauschen als Grenzfall

Die Auseinandersetzung mit einer ästhetischen Botschaft lenkt unseren Blick von der zielgerichteten Kommunikation und ihrer referentiellen Funktion auf die Form der Kommunikation, indem wir das Kunstwerk als Gemachtes wahrnehmen und es durch die Auseinandersetzung mit seiner Art des Gemacht-seins genießen. Diese Wirkung hängt mit dem Informationsgehalt zusammen: Wo dieser hoch ist, steigen die Unbestimmtheit und damit auch die Auswahlmöglichkeiten, die sich unserer Interpretation stellen. Wenn die Unbestimmtheit allerdings eine gewisse Schwelle überschreitet und somit nicht einmal mehr als Abweichung in Relation zu einem Code erkennbar ist, dann besteht die Gefahr des Rauschens: Das „delikate[] Gleichgewicht zwischen einem Minimum an Ordnung, das mit einem Maximum an Unordnung zu vereinbaren ist", bezeichnet „die Grenze zwischen der Ununterscheidbarkeit aller Möglichkeiten und dem Möglichkeitsfeld", also der Form als Garantin für die möglichen Interpretationen und der relationslosen Unbestimmtheit.

Dialektik zwischen Kunstwerk und Offenheit, Treue und Freiheit

Kunstwerke, die programmatisch auf Offenheit angelegt sind, weisen diese dialektische Spannung auf: Beide Pole müssen aufeinander bezogen bleiben, um a) Unbestimmtheit und Ambiguitäten zu erzeugen, die Interpretation produzieren, und b) diese Unbestimmtheit auf zweifache Weise zu regulieren: als Unbestimmtheit in Relation zu einem Code (damit sie nicht zum Rauschen wird) und als Struktur, die eine Interpretation erlaubt und lenkt. Diese Spannung steht wiederum im Verhältnis zu derjenigen zwischen „Freiheit" und „Treue". Wenn die Offenheit überragt und die Information den Kode komplett sprengt, ist keine Interpretation mehr möglich, da damit auch die wesentliche regulierende Funktion des Kunstwerks selber – ihre Form – verloren geht. „Die Untersuchung der Ebenen der poetischen Botschaft ist die Untersuchung jener *Logik der Signifikanten*, durch die das Werk seine doppelte Funktion der Stimulierung von Interpretationen und der Kontrolle des Freiheitsraums der Interpretationen erfüllt." Eben diese „doppelte Funktion" lebt von der Dialektik zwischen Kunstwerk und Offenheit sowie zwischen Freiheit und Treue.

Welche Struktur wird beschrieben?

Ein Aspekt, der im späteren Verlauf von Ecos Arbeiten zum Begriff der Interpretation zunehmend an Relevanz gewinnen wird, betrifft eine weitere Implikation des Formbegriffs in seiner Relation zur Interpretation, wie sie in der Vorrede zur zweiten Ausgabe von *Das offene Kunstwerk* ausgeführt wird: „Das Modell eines offenen Kunstwerks gibt nicht eine angeblich objektive Struktur der Werke wieder, sondern die Struktur einer Rezeptionsbeziehung; eine Form ist beschreibbar nur, insofern sie die Ordnung ihrer Interpretationen erzeugt, und es ist deutlich genug, daß so verfahrend unsere Methode sich von der scheinbar objektiven Strenge eines gewissen orthodoxen Strukturalismus entfernt, der signifikante Formen analysieren möchte und dabei absieht vom wechselvollen Spiel der Signifikate, die die Geschichte darin hat zusammenfließen lassen." Im Gegensatz zu den Strukturalisten geht Eco nicht von der Beschreibbarkeit einer „Struktur *jenseits* aller möglichen Lesarten" aus. Indem das Kunstwerk sich nur in seinen Interpretationen realisiert, wird auch dessen Struktur nur in ihrer Aktualisierung – in der Durchführung einer der von ihr ermöglichten und zugleich bedingten Lesarten – beschreibbar. Sichtbar wird somit keine „reine signifikante Struktur, jenseits der Geschichte seiner Interpretationen". Entsprechend sollte man nicht der Versuchung verfallen, die sich in der Interpretation manifestierende Struktur mit einer vermeintlich ontologischen Struktur des Kunstwerks zu verwechseln.

Offenheit vs. Geschlossenheit?

Eco betont an verschiedenen Stellen, dass er den Gegensatz von Offenheit und Geschlossenheit nicht als wertend verstanden wissen will. Offene Kunstwerke sind nicht per se die besseren Kunstwerke. Hier zeigt sich allerdings eine Schwierigkeit im Umgang mit Ecos Grundthese einer grundsätzlichen Offenheit von Kunstwerken und einer historisch bedingten Entwicklung hin zu bewusst offenen Formen. Die Beispiele, die er aus der Kunst der Antike, des Mittelalters und der Renaissance nennt, sind insofern „geschlossene Kunstwerke", als sie die Offenheit der Interpretationen stark einschränken. Dennoch sollen sie als Kunstwerke grundsätzlich offen sein. Der Rückgriff auf die historische und kulturelle Dimension erlaubt es, eine Wandlung in der Funktion, die die Offenheit aufweist, nachzuzeichnen: Die Offenheit eines mittelalterlichen Kunstwerks steht im Verhältnis zur hierarchisch aufgebauten und transzendental begründeten Ordnung, die als Ordnung auch die unterschiedlichen Interpretationsmöglichkeiten umfasst und einschränkt. Die für die Moderne typische Erfahrung der Unbestimmtheit ermöglicht wiederum eine andere Qualität der Offenheit.

Kunstgenuss in emanzipatorischer Absicht

Berücksichtigt man die oben erläuterten dialektischen Spannungen, die das offene Kunstwerk durchziehen, lässt sich sagen, dass die Kunstwerke auch dort, wo sie die Unbestimmtheit zelebrieren, sofern sie Kunstwerke bleiben, dieser Unbestimmtheit – somit dem Chaos – eine Form geben, sie interpretierbar machen. Hier taucht wieder die pädagogische-emanzipatorische Dimension der modernen Kunst auf: Sie ist nicht Ausdruck der menschlichen Entfremdung, sondern nimmt diese Entfremdungserfahrung in sich auf, um ihr eine Form zu geben. Indem die ästhetische Botschaft wiederum die Aufmerksamkeit auf die eigene Struktur, die eigene Art des Gemacht-seins richtet, gewinnen die Rezipient*innen ein Bewusstsein von den Entfremdungserfahrungen. Was Ausgangspunkt für den Genuss der Kunstwerke ist – das Nachvollziehen von dessen Gemacht-sein, um zu erkennen, wie es Ambiguitäten generiert und Interpretationen ermöglicht –, ist zugleich Ausgangspunkt für einen emanzipatorischen (Erkenntnis-)Prozess: „Das Interesse am Kunstwerk ist und muss das Interesse an den kulturellen Codes sein, die es voraussetzt und in Krise bringt", so Anna Maria Lorusso. Die Distanz ist eine zur eigenen alltäglichen (entfremdeten) Erfahrung selbst, somit eine Möglichkeit, sich in ein Verhältnis zu ihr zu stellen und – so Eco vorsichtig – sie zu verändern.

Eco als Semiotiker

Obwohl Eco selber *Das offene Kunstwerk* als eine Arbeit aus seiner präsemiotischen Phase bezeichnet, beinhaltet das Buch bereits in der ersten Fassung im Kern wesentliche Themen, die dann in der zweiten Fassung nochmal stärker an Kontur gewinnen und später in der semiotischen Phase zentral werden sollen. Anna Maria Lorusso sieht im Akt der Interpretation die wesentliche Kontinuität zwischen beiden Phasen: Die Reformulierung und Weiterentwicklung der zentralen Thesen aus *Das offene Kunstwerk* im Lichte der semiotischen Theorie von Charles Sanders Peirce führen zum Verständnis der Interpretation als „Form der *Sozialkritik* und damit [als] eine der vielen Formen sozialer Praxis". Durch die Auseinandersetzung mit Peirce wird Ecos Semiotik zu einer philosophischen Zeichentheorie, die zugleich eine Kulturtheorie ist.

Immer wieder wird Eco dabei auf die Dialektik von Offenheit und Form zurückkehren. Die Semiotik wird ihm dabei helfen, besser beschreiben zu können, was im Akt des Interpretierens passiert, welche Rolle dabei die kooperative Dimension spielt, welches Gewicht einer Gemeinschaft von Interpreten zukommt und wo die *Grenzen der Interpretation* – so der Titel einer 1990 erschienenen Aufsatzsammlung – liegen. Dabei steht diese von Helge Schalk als „Limitierungsthese" bezeichnete Fokussierung auf die Elemente, die eine Interpretation begrenzen, nicht im Gegensatz zu der Emphase, die in den frühen Werken auf die Offenheit gelegt wurde, da diese immer schon in dialektischer Relation zur Form (verstanden als Begrenzung/Lenkung *und* zugleich Ermöglichung von Interpretationen) stand. Insbesondere in den späteren Werken wird deutlich, wie die Interpretation von Kunstwerken und insbesondere von literarischen Texten als grundlegende Praxis verstanden wird, die einen Vorbildcharakter für den semiotischen Interpretationsbegriff erhält.

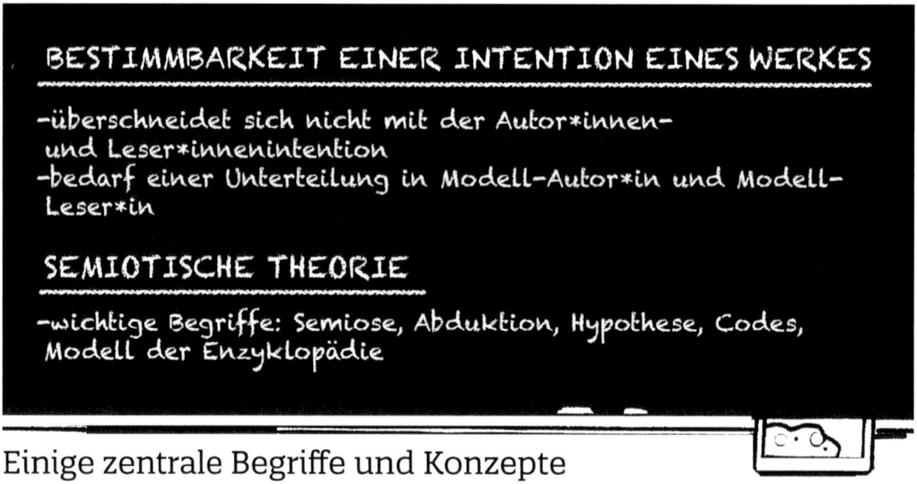

Einige zentrale Begriffe und Konzepte

Semiotik versteht Eco als eine Disziplin, die sich mit dem Phänomen der Semiose beschäftigt. Dieses Phänomen wird ausgehend von Peirces triadischem Zeichenmodell (im Gegensatz zu einem dyadischen Modell) beschrieben. Für seine semiotische Theorie sind weiterhin Peirces Begriff der Abduktion bzw. Hypothese (in Abgrenzung zur Induktion und Deduktion) sowie der Begriff des Codes und das Modell der Enzyklopädie (im Gegensatz zum Modell des Wörterbuchs) zentral. Weitere Elemente, die in Ecos semiotischer Texttheorie eine Rolle spielen, betreffen die Bestimmbarkeit einer Intention des Werkes (*intentio operis*), die sich nicht mit der Autor*innenintention (*intentio auctoris*) und der Leser*innenintention (*intentio lectoris*) deckt. Diese bedarf wiederum, um beschrieben werden zu können, nochmal einer weiteren Unterteilung in eine/n Modell-Autor*in und eine/n Modell-Leser*in.

Exkurs: Semiotik

Semiotik: Begriff und moderne Traditionslinien

„*Semeion* ist griechisch und bedeutet Zeichen; Semiotik bedeutet also die Zeichenlehre oder Zeichentheorie". Auch wenn der Begriff erst vom englischen Philosophen John Locke (1632–1704) eingeführt wurde, durchziehen Fragen der Zeichentheorie die gesamte Philosophie seit der Antike. Die Begründer der modernen Semiotik sind der Schweizer Sprachwissenschaftler Ferdinand de Saussure (1857–1913) und der amerikanische Philosoph und Mitbegründer des Pragmatismus Charles Sanders Peirce. Beide stehen wiederum für zwei Linien: die strukturale Semiotik und die interpretative Semiotik. Vertreter*innen der strukturalen Semiotik sind, neben de Saussure, u.a. der dänische Sprachwissenschaftler Luis Hjelmslev (1899–1965), der französische Semiotiker, Literatur- und Kulturtheoretiker Roland Barthes sowie der litauische Semiotiker Algirdas Julien Greimas (1917–1992). Eco ist ein Vertreter der interpretativen Semiotik, wobei er in seinem Ansatz versucht, beide Traditionslinien zusammenzudenken.

Langue und *parole*

De Saussure (siehe links) unterscheidet zwischen *langue* und *parole*. Erstere bezeichnet die abstrakte Struktur und die abstrakten Regelsysteme der Sprache, während Letztere die gesprochene oder geschriebene Sprache bezeichnet. Die *langue* verweist auf die soziale, überindividuelle Dimension der Sprache, da ihre Regeln von einer Gemeinschaft als solche akzeptiert werden müssen bzw. immer schon akzeptiert wurden, bevor das einzelne Individuum zu sprechen beginnt. Ohne das Regelwerk der *langue* gäbe es keine *parole*. Die *parole* wiederum ist so vielfältig wie die Zahl ihrer individuellen Sprecher*innen: Auch wo sie die Regeln der *langue* realisiert, tut sie dies auf jeweils unterschiedliche Weise, etwa durch Aussprache, Betonung usw. Nach de Saussure ist der Gegenstand der Sprachwissenschaft die *langue*. Die Sprachwissenschaft wiederum ist nur ein Bereich der Semiotik als einer umfassenderen Wissenschaft der Zeichen. So wie sich die Sprachwissenschaft mit der *langue* beschäftigt, beschäftigt sich die Semiotik mit den Strukturen und Regeln, die die Bedeutung und Verwendung von Zeichen bestimmen.

Synchrone und diachrone Ebene

Die Sprachwissenschaft kann, laut de Saussure, die *langue* auf der diachronen Ebene betrachten und so nach den Wandlungen fragen, die sich im Laufe der Zeit ergeben haben, oder auf der synchronen Ebene nach den „Beziehungen zwischen [...] Einheiten [fragen], die in der Sprache koexistieren" und „eine Erscheinung des Sprachzustands" bilden.

Signifikant und Signifikat

Ein Zeichen besteht, ähnlich wie ein Papierblatt, immer aus zwei Seiten, die nicht voneinander zu trennen sind: Signifikant (Bedeutendes) und Signifikat (Bedeutetes). Das Zeichen ist eine „zweiseitige psychische Einheit", deren beiden Elemente – Konzept und Lautbild – „auf das engste miteinander verbunden" sind und sich gegenseitig bedingen. Diese Verbindung ist allerdings arbiträr, sie basiert auf einer Konvention: „Die Idee von ‚sœur' (‚Schwester') ist durch keine innere Beziehung an die Lautfolge s-ö-r gebunden, die ihr als Signifikant dient; sie könnte auch durch irgendeine andere wiedergegeben werden; das beweisen schon die Unterschiede zwischen den Sprachen und selbst die Existenz von verschiedenen Sprachen". Die Verbindung zwischen Signifikant und Signifikat ist somit keine natürliche, wobei arbiträr nicht meint, dass sie beliebig hergestellt werden kann, sondern dass sie, als Konvention, auf einer „kollektive Gewohnheit" beruht. Der Linguist Louis Hjelmslev unterscheidet in Anlehnung daran zwischen der Ausdrucksebene (Signifikant) und der Inhaltsebene (Signifikat). Dabei verwendet er generell eher den Begriff der Zeichenfunktion: „Eine Zeichenfunktion kommt zustande, wenn zwei Funktive (Ausdruck und Inhalt) in wechselseitiger Korrelation zueinander treten: dasselbe Funktiv kann auch in eine andere Korrelation eintreten, wodurch es ein anderes Funktiv wird und eine neue Zeichenfunktion entstehen läßt."

Differentielle Bestimmung des Zeichens

Die Arbitrarität hängt, nach de Saussure, mit der differentiellen Bestimmung des Wertes eines Zeichens zusammen. Der Wert hängt von der Funktion eines Zeichens innerhalb eines Regelsystems ab. Die Funktion lässt sich wiederum aus der Opposition von anderen Zeichen innerhalb des Systems bestimmen. Um dies zu erläutern, greift de Saussure auf das Schachspiel als Beispiel zurück: „Kommt der schwarze Turm abhanden, könnte man auch mit einem Hosenknopf als Ersatz weiterspielen; Hauptsache man hält am Bewegungsmuster des Turms im Gegensatz zu anderen Figuren wie z.B. dem Läufer fest. Der Kern des Schachspiels ist also etwas Abstraktes, reine Form, reine Struktur." Es sind somit „die Elemente und Regeln in ihrem Zusammenspiel, die das Spiel definieren" und jedes „einzelne Element im System wird ausschließlich durch die Struktur seiner Unterschiede zu den anderen Elementen des Systems definiert bzw. durch die Regeln, die sein Zusammenwirken mit anderen Elementen bestimmen."

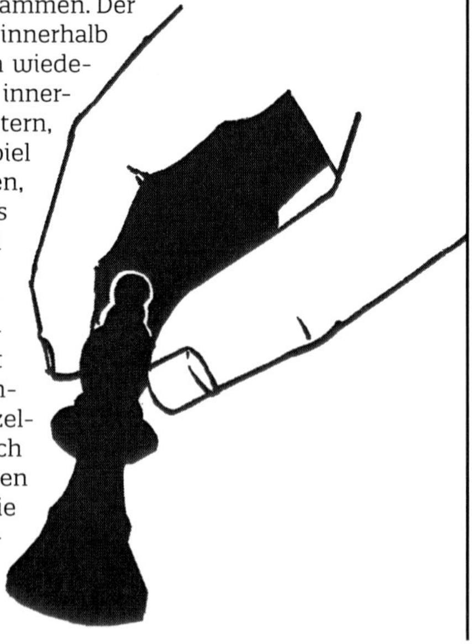

Das Zeichenmodell von Peirce

Während de Saussure ein zweigliedriges Zeichenmodell bestimmt, schlägt Peirce ein dreigliedriges Zeichenmodell vor: „Ein Zeichen oder Repräsentamen ist etwas, das für jemanden anstelle von etwas in irgendeiner Beziehung oder Kapazität steht. Es richtet sich an jemanden, das heißt, es bringt im Geiste einer Person ein gleichartiges Zeichen hervor, oder vielleicht auch ein entwickelteres Zeichen. Das Zeichen, welches es hervorbringt, nennen wir *Interpretant* des ersten Zeichens. Dieses Zeichen steht für etwas, das eigentliche Objekt. Es steht für jenes Objekt nicht in jeglicher Hinsicht, sondern in Beziehung zu einer Art Idee, die ich bislang den Ground der Repräsentation genannt habe." Gegenstand der Semiotik ist nicht, wie in der strukturalen Traditionslinie, das Zeichen bzw. die Zeichenfunktion, sondern die Semiose: „Das Zeichen wird normalerweise als Korrelation zwischen einem Signifikanten und einem Signifikat (oder zwischen Ausdruck und Inhalt) gesehen und deshalb als Aktion zwischen zwei Einheiten. Die Semiose dagegen ist Peirce zufolge eine Aktion oder ein Einfluß, ‚der aus einer Kooperation dreier Objekte besteht oder diese einschließt, wie z.B. ein Zeichen, sein Objekt und sein Interpretant, wobei dieser tri-relative Einfluß auf keinerlei Weise in Aktionen zwischen je zwei Objekten aufgelöst werden kann'". Die Semiose ist demnach ein Prozess.

Dynamisches Objekt – Unmittelbares Objekt – Ground – Repräsentamen

Peirce (links) unterscheidet zwischen zwei Objekten: dem „dynamischen Objekt" (was im oberen Zitat als „eigentliches Objekt" bezeichnet wird) und dem „unmittelbaren Objekt". Ausgangspunkt und Anstoß für jede Semiose ist laut Peirce das dynamische Objekt, welches eine Nähe zu Kants „Ding an sich" aufweist: die Wirklichkeit nicht wie wir sie wahrnehmen, sondern wie sie ist – und also solche unserer Wahrnehmung niemals zugänglich sein wird. Die interpretative Semiotik geht davon aus, dass wir immer schon auf Zeichen und deren, wie Stefano Traini schreibt, „vermittelnde Funktion" angewiesen sind, um die Wirklichkeit wahrnehmen zu können. Das dynamische Objekt wird immer nur unter einem gewissen Gesichtspunkt wahrgenommen, „in Beziehung zu einer Art Idee" bzw. einer Hypothese. Der „Ground der Repräsentation" ist „das, was von einem gegebenen Objekt unter einem bestimmten Profil selektiert und übermittelt wird", wobei das Relevanzprinzip (die Hervorhebung bestimmter Aspekte in Relation zur Idee/Hypothese) diese Selektion und Übermittlung bedingt. Das, was durch den Ground an einem dynamischen Objekt hervorgehoben wird, ist das unmittelbare Objekt. Dieses wiederum – und hier zeigt sich eine gewisse Nähe zur Zeichentheovon de Saussure – ist der Inhalt eines Zeichens, während das Repräsentamen dessen Ausdrucksseite ausmacht.

Interpretant

Nun kommt der Interpretant ins Spiel, wobei er nicht mit dem Interpreten zu verwechseln ist: Der Interpretant ist nicht eine Person, die etwas interpretiert, sondern ein weiteres Zeichen, das dazu dient, den Inhalt – also das unmittelbare Objekt – eines Repräsentamens näher zu bestimmen. Stefano Traini veranschaulicht dieses Verhältnis folgendermaßen: „Wenn wir einem Kind die Bedeutung des *Repräsentamens* /Hund/ erklären müssen, werden wir ihm erklären, dass es sich um ein Tier handelt, das bestimmte Eigenschaften hat, wir werden ihm ein oder mehrere Fotos zeigen, wir werden ihm einen Hund zeichnen, wir werden ihm erklären, dass er treu, aber auch gefährlich sein kann: all diese Zeichen sind Interpretanten, die dazu dienen, die Bedeutung des Zeichens /Hund/ zu umreißen." Der Interpretant ist seinerseits also wiederum ein Zeichen, das allerdings unser Wissen erweitert. Diese Relation lässt sich wie folgt beschreiben: Das Zeichen als Verbindung von Repräsentamen und unmittelbarem Objekt, „bildet somit den Kern der Semiose, da es zwischen dem [dynamischen] Objekt und dem Interpretanten vermittelt: ein Zeichen wird durch ein Objekt bestimmt und erzeugt einen Interpretanten."

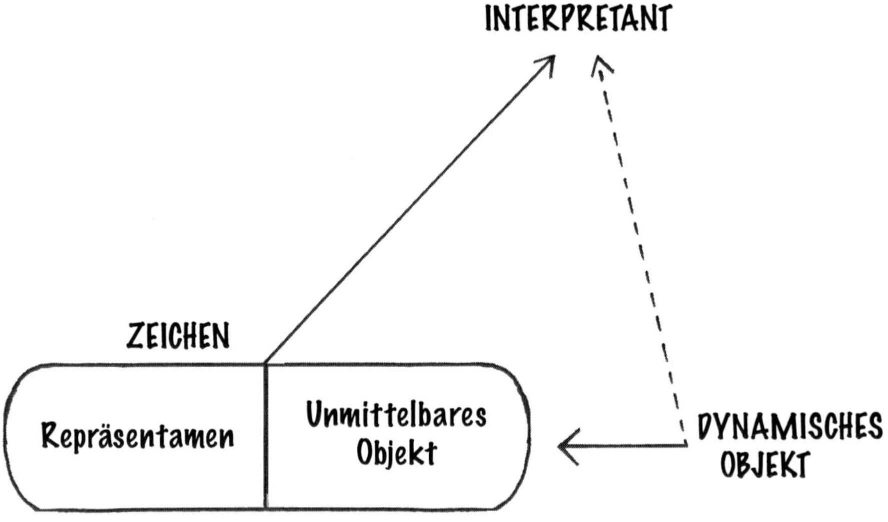

Die unendliche Semiose

Wir sind auf Zeichen angewiesen, um Zeichen zu erklären. Diese Relation wiederholt sich permanent: Alles Denken geschiet „in Zeichen, wobei wir uns der Bedeutung eines Zeichens vermittels eines anderen Zeichens nähern, das das erste interpretiert [...]. Ein Zeichen wird so durch eine unendliche Reihe anderer Zeichen interpretiert, die aus immer neuer Perspektive auf das bezeichnete Objekt verweisen." Diesen Prozess nennt Peirce die „unbegrenzte Semiose". Die verschiedenen Interpretanten, die wir einsetzen, um den Inhalt (unmittelbares Objekt) eines Ausdrucks (Repräsentamen) zu erklären, heben immer nur partielle Aspekte des zu erklärenden Zeichens hervor: „Da der unmittelbare Gegenstand, dem Prinzip nach, die Gesamtheit aller Interpretanten eines bestimmten Zeichens ist, folgt daraus, dass nur eine Teilerkenntnis möglich ist, in dem Sinne, dass wir uns einer Bedeutung asymptotisch nähern können, ohne deren Gesamtessenz erfassen zu können. Deshalb ist die Semiose per definitionem unbegrenzt: weil der Einsatz von Interpretanten eben potentiell unendlich ist."

Ecos Position zwischen strukturaler und interpretativer Semiotik

Für Eco steht Peirces Definition des Zeichens als „etwas, das für jemanden in gewisser Hinsicht für etwas steht", nicht in Konkurrenz zur von de Saussure geprägten binären Zeichenstruktur. Vielmehr versucht Eco, die Alternative zwischen dem semiotischen Ansatz, dessen Gegenstand „das Zeichen oder die Zeichenfunktion" ist, und dem interpretativen Ansatz, dessen Gegenstand die Semiose ist, als irreführend auszuweisen und zu überwinden. Sein Anliegen besteht darin, nachzuweisen, dass „keine Opposition zwischen dem ‚Nomadentum' der Semiose (und der interpretatorischen Aktivität) und der vorgeblichen Starre und Unbeweglichkeit des Zeichens" besteht, da sich der „semiosische Interpretationsbegriff" bereits „im unmittelbaren Kern des Zeichenbegriffs" befindet.

Aspekte von Ecos Peirce-Rezeption

Die Rolle von Peirce wird in der Weiterentwicklung von Ecos semiotischer Theorie zunehmend zentral. Sie bildet die Grundlage der semiotischen Umformulierung seiner anfänglichen Interpretationstheorie, man denke etwa an den potentiell unendlichen Einsatz von Interpretanten, um ein unmittelbares Objekt in seiner (nie erreichbaren) Gänze zu erfassen. Auch in Ecos Textpragmatik wird Peirces Modell der unbegrenzten Semiose maßgeblich wirken. In seinen späteren Schriften wird dann das dynamische Objekt eine wichtige Rolle spielen, umformuliert als Frage nach den Grenzen der Interpretation und als Frage nach der Erkennbarkeit von Sein. Das Beispiel der unterschiedlichen Interpretanten, die wir zur Erklärung der Bedeutung von /Hund/ verwenden können, zeigt wiederum, wie sehr wir bei der Interpretation von Zeichen auf kulturelles Wissen angewiesen sind. Diesen Punkt wird Eco in Form eines enzyklopädischen Modells weiterentwickeln.

Allgemeine Semiotik – Theorie als Praxis

Ecos versteht seine semiotische Theorie zudem als Beitrag zu einer allgemeinen Semiotik: „Eine allgemeine Semiotik untersucht die Gesamtheit der menschlichen Signifikationsaktivitäten – d.h. Sprachen. Und Sprachen sind das, was Menschen als solche konstituiert, als semiotische Tiere. Sie untersucht und beschreibt Sprachen durch Sprachen. Indem sie die menschliche Signifikationsaktivität untersucht, beeinflußt sie deren Verlauf. Eine allgemeine Semiotik verändert gerade wegen ihres theoretischen Anspruchs ihr Objekt." Eine allgemeine Semiotik ist als Theorie also immer auch eine Form der Praxis.

Theorie als *work in progress*

Ecos Theorie präsentiert sich bewusst und z.T. auch selbstironisch als *work in progress:* „Jeder schreibt sein ganzes Leben lang unter verschiedenen Titeln eigentlich immer dasselbe Buch" – doch dieses Buch wird immer wieder umgeschrieben. Auch seine großen systematischen Werke, von der *Einführung in die Semiotik*, *Il segno* (1973, dt. *Das Zeichen*), *Semiotik. Entwurf einer Theorie der Zeichen*, *Lector in fabula*, *Semiotica e filosofia del linguaggio* (1984, dt. *Semiotik und Philosophie der Sprache*), *Die Grenzen der Interpretation* bis hin zu *Kant und das Schnabeltier*, stehen allesamt unter dem Zeichen der Weiterentwicklung und kritischen Revision der eigenen Grundideen. So schreibt er im Vorwort zu *Semiotik. Entwurf einer Theorie der Zeichen*: „Sagen wir also, daß in unserer Zeit ein Buch zwar nie etwas Endgültiges ist, daß aber *dieses* Buch etwas endgültiger ist als meine anderen."

Semiotik als junge Wissenschaft

„Eigentlich hoffe ich ja, daß es überhaupt nicht endgültig sein möge. Die Semiotik ist eine junge Wissenschaft (sie ist zwar zweitausend Jahre alt, aber erst seit kurzem legitimiert) und entwickelt sich jeden Tag weiter. Eine Abhandlung ist keine Verfassungsurkunde" – so Eco weiter im Vorwort. Zur wissenschaftlichen Legitimierung der Semiotik als Disziplin hat Eco maßgeblich beigetragen. Wichtige Etappen zu dieser Institutionalisierung waren u.a. 1971 die Gründung der internationalen *Zeitschrift Versus – Quaderni di studi semiotici* (kurz: *VS*), 1975 endlich seine Berufung auf den neugegründeten Lehrstuhl für Semiotik an der Universität Bologna, seine internationale Tätigkeit als Gastprofessor an verschiedenen Universitäten oder seine Rolle als Mitglied der *IASS-International Association for Semiotic Studies*, deren Präsident er zeitweise war. Hinzu kommen die Herausgaben von wissenschaftlichen Buchreihen, die semiotischen Themen gewidmet sind, sowie die vielen Beiträge in den Tages- und Wochenzeitungen zu den unterschiedlichsten gesellschaftlichen Themen, verstanden als praktische Beispiele für den Einsatz einer „semiotischen Brille". Nicht zuletzt haben auch seine Romane dazu beigetragen, die Semiotik über die akademischen Grenzen hinaus bekannt zu machen.

Signifikation und Kommunikation – Code und Zeichenerzeugung

„Ziel dieses Buches", so Eco zu Beginn seiner *Semiotik*, „ist eine Untersuchung der theoretischen Möglichkeit und der sozialen Funktion einer einheitlichen Behandlung aller Signifikations- und/oder Kommunikationsphänomene." Man spricht von Signifikationsphänomenen, wenn auf der Grundlage bestehender Regeln, „etwas materiell Gegenwärtiges und Wahrnehmbares *für etwas* anderes steht: ein Baum kann für die Idee der Natur stehen, ein Buch kann die Idee von Kultur aktivieren." Signifikation hat man unabhängig davon, ob ein/e Rezipient*in diese Verbindung aktiviert. Kommunikation stattdessen ist „ein Prozess zwischen menschlichen Wesen, der Signifikationsphänomene voraussetzt und diese aktiviert: es ist der Moment, an dem die Menschen sich der Signifikation bedienen, um Botschaften zu vermitteln." Aus dieser Unterscheidung ergibt sich eine weitere, die auch den Aufbau von Ecos *Semiotik* bestimmt. Dort formuliert er im ersten Teil eine „Theorie der Codes" und im zweiten eine „Theorie der Zeichenerzeugung": „Die erste analysiert die einer Kultur zugrundeliegenden Signifikationssysteme, die andere untersucht, wie auf der Basis dieser Code-Systeme Kultur als Kommunikation funktioniert. Die Theorie der Zeichenproduktion ist dabei gleichzeitig eine Theorie der Zeicheninterpretation."

SIGNIFIKATIONSPHÄNOME

Z.B. Bücher stehen für „Kultur"

KOMMUNIKATION

Prozess zwischen Menschen, in dem diese sich der Signifikation bedienen, um Botschaften zu vermitteln

Der Code als Regelwerk

Der Code steht nicht außerhalb der Kultur, sondern ist durch und durch kulturelles Produkt. Er beruht – ähnlich wie der Zeichenbegriff von de Saussure und der Begriff der Zeichenfunktion bei Hjelmslev – auf einer konventionalisierten Korrelation zwischen Elementen der Ausdrucksebene und Elementen der Inhaltsebene. Wie Eco betont, unterliegen diese als solche aber auch Veränderungen: „Zeichen sind also das vorläufige Ergebnis von Codierungsregeln, die *transitorische* Korrelationen von Elementen festsetzen, wobei jedes dieser Elemente – unter vom Code bestimmten Umständen – auch in anderen Korrelationen eintreten und so ein neues Zeichen bilden kann." Entsprechend hält Eco fest, dass der Code nicht „Zeichen organisiere", sondern Regeln bereitstelle, „die im kommunikativen Verkehr Zeichen als konkrete Gebilde *generieren*." Grit Fröhlich fasst dies wie folgt zusammen: „Die Kenntnis des Codes entspricht somit der Kompetenz, Zeichen zu erzeugen".

Wörterbuch-Modell

Mit der Zeit wird Ecos Theorie des Codes zunehmend komplexer. In ihrer Weiterentwicklung wandelt sie sich zum Modell der Enzyklopädie, das „uns sagt, wie wir die Semiose produzieren (wie wir Begriffe erklären, wie wir sie verbinden, wie wir denken, wenn wir von einem zum anderen Begriff übergehen)". Dieses Modell steht wiederum im Gegensatz zum semantischen Modell des Wörterbuchs. Im Wörterbuch-Modell wird die Bedeutung eines Wortes in Form einer Komponentenanalyse durchgeführt, bei der sprachliche Elemente durch andere sprachliche Elemente definiert werden. Ein Begriff wird durch eine begrenzte Reihe (der ausreichenden und notwendigen Anzahl) einfachster Konzepte, den sogenannten Primitiva, bestimmt. Eco kritisiert diese Form der Komponentenanalyse bereits in ihren Prämissen, da allein die Festlegung der Primitiva schon problematisch ist, weil es „sehr schwer zu entscheiden" ist, „was ein ‚einfaches Konzept' ist" (z.B. kann „Objekt", siehe das Beispiel oben, wiederum durch eine eigene Kette an Primitiva repräsentiert werden), weil es schwer zu bestimmen ist, wie viele Primitiva ausreichend und notwendig sind und weil es schwer zu bestimmen ist, warum gerade diese Primitiva statt anderer verwendet werden sollen. Das Wörterbuch-Modell beruht letztlich auf einer starren Festlegung, die an der Komplexität der Wirklichkeit vorbeigeht und die Kenntnisse über die Welt nicht berücksichtigt.

Das Modell der Enzyklopädie

„Vielmehr wissen wir, dass sich Sprache durch extreme Formbarkeit auszeichnet: Die diskreten Einheiten der Sprache können das unbegrenzte *Kontinuum* der Wirklichkeit nur durch kontinuierliche Anpassungs- und Umgestaltungsprozesse abbilden, eben weil die Beziehung zwischen Ausdruck und Inhalt dynamisch und inferentiell ist. So ist es auch möglich, einen Bücherstapel, auf dem man sitzt, als Stuhl zu bezeichnen und damit die Bedeutung von Stuhl über die festen Eigenschaften hinaus zu erweitern, die seinen definierenden Kern ausmachen sollten." An diesem Beispiel wird deutlich, wie die Bezeichnung „Stuhl" nicht ausschließlich auf die im DUDEN angegebenen Merkmale reduziert werden kann. Die Möglichkeit dieser spezifischen Verwendung beruht auf unserer enzyklopädischen Kompetenz, die, anders als beim Wörterbuch-Modell, die Bedeutung in Relation zum Kontext formuliert: Die „Komponentenanalyse in einem enzyklopädischen Format" analysiert „das Spektrum des Semems (das mit dem Inhalt eines gegebenen Ausdrucks korrespondiert) in Hinsicht auf Kontext- und Umfeldselektion". Semantik (Bedeutung) und Pragmatik (Verwendung) eines Ausdrucks sind daher, wie Anna Maria Lorusso schreibt, „in Ecos Semiotik immer miteinander verwoben".

Verschiedene Ebenen der Enzyklopädie

Die Enzyklopädie stellt als Grenzwert die Gesamtheit aller kulturell verzeichneten Interpretationen und Wissensbestände dar. Dieser Grenzwert ist allerdings niemals erreichbar, verschiedene Sprecher*innen können immer nur unterschiedliche (partielle) Wissensbestände aktualisieren, etwa in Form von „lokalen Enzyklopädien", die durch ihre Verwendungskontexte bestimmt werden (die „Enzyklopädie eines Musikers" unterscheidet sich von der „Enzyklopädie eines Schmiedes oder eines Landwirtes"). Sie kann aber auch das Durchschnittswissen einer bestimmten Kultur bezeichnen oder die individuellen Kompetenzen einzelner Subjekte „als Mitglieder einer bestimmten Kultur". Die ...

Enzyklopädie als Rhizom

Das Modell der Enzyklopädie baut, so Eco, auf der Metapher des Labyrinths auf. Dabei unterscheidet er zwischen drei Typen von Labyrinthen. Der erste Typ ist linear: „Als Theseus das Labyrinth von Kreta betrat, mußte er keine Wahl treffen: er konnte nicht umhin, das Zentrum zu erreichen und vom Zentrum aus den Weg hinaus zu finden." Dieses Labyrinth hat, so Eco, in seiner linearen Struktur „nichts mit einer Enzyklopädie zu tun." „Der zweite Typ ist ein *Irrgarten* oder *Irrweg*. [...] Ein Irrgarten weist Wahlmöglichkeiten zwischen alternativen Pfaden auf, und einige der Pfade führen nicht weiter. [...] Wenn man einen Irrgarten auseinandernimmt, erhält man einen Baum, bei dem bestimmte Wahlmöglichkeiten anderen gegenüber bevorzugt werden." Die Baumstruktur entspricht z.B. den taxonomischen Klassifikationsmodellen in den Naturwissenschaften und das Wörterbuch-Modell lässt sich ebenfalls als Baumstruktur repräsentieren. Doch auch diese Strukturen, die auf progressiven Verästelungen beruhen, können gegen ihre Intention dazu führen, dass man sich im Kreis dreht. Den dritten Typ beschreibt Eco ausgehend von der von Gilles Deleuze (1925–1995) und Félix Guattari (1930–1992) eingeführten botanischen Metapher des Rhizoms. „Ein Rhizom ist ein Gewirr von Knollen und Knoten", deren wichtigste Eigenschaft ist, dass jeder „Punkt des Rhizoms [...] mit jedem anderen Punkt verbunden werden" kann und muss, „eine offene Karte, die in all ihren Dimensionen mit etwas anderem verbunden werden kann". Daraus ergibt sich u.a., dass – im Gegensatz zum Prinzip der Baumstruktur – auch widersprüchliche Schlüsse möglich sind: „wenn *p*, dann ist jede mögliche Konsequenz von *p* möglich, diejenige eingeschlossen, die nicht zu neuen Konsequenzen, sondern zu *p* zurückführt, so daß gleichzeitig sowohl wenn *p*, dann *q* als auch wenn *p*, dann nicht-*q* zutrifft". Unser kulturelles Wissen vom Wal beinhaltet „Fisch" (zoologisch falsch) und „Säugetier" (zoologisch richtig) – darüber hinaus aber auch Moby Dick oder den Wal, in dessen Bauch sich Pinocchio und Geppetto wiedersehen.

Für etwas anderes stehen

Als wissenschaftliche Disziplin muss die Semiotik ihren Gegenstandsbereich abgrenzen können. Den Ausgangspunkt bildet für Eco Peirces Definition des Zeichens als „etwas, das für jemanden in gewisser Hinsicht für etwas steht." An dieser Definition wird bereits die Rolle des Rezipienten bzw. Interpreten deutlich. Um als Stellvertreter wirken zu können, setzen Zeichen jemanden voraus, der sie als solche wahrnimmt, das heißt, der sie als etwas interpretiert, das für etwas anderes steht. Hier ergänzt Eco die Peirce'sche Definition durch diejenige von Charles William Morris (1901–1979): etwas ist „nur deshalb ein Zeichen [...], weil es von einem Interpreten als Zeichen für etwas interpretiert wird". Dies passiert wiederum nicht im luftleeren Raum, sondern innerhalb bestimmter kultureller Kontexte: „Ich möchte vorschlagen, *alles* Zeichen zu nennen, was aufgrund einer vorher festgelegten sozialen Konvention als etwas aufgefaßt werden kann, *das für etwas anderes steht.*"

Abgrenzung nach unten

Hier kann man anknüpfen, um eine „untere Schwelle" zu identifizieren, die eine Abgrenzung des Zeichens von anderen Phänomenen, die keine Zeichen sind, ermöglicht. Es handelt sich dabei z.B. um Fälle, bei denen es keine „soziale Konvention" gibt, die die Verbindung von Ausdruck und Inhalt bedingt. Dazu gehören Ereignisse, wie sie sich in einem Reiz-Reaktions-Schema ergeben. Dabei lassen sich allerdings zwei Betrachtungsebenen unterscheiden. Auf der phänomenalen Ebene stellt eine Reaktion kein Zeichen dar: Wenn die Ärztin mit einem Hämmerchen auf mein Knie schlägt, schnellt mein Bein hoch. Meine Reaktion basiert nicht auf einer sozialen Konvention, sondern reagiert automatisch auf einen Reiz: „Ein Reiz-Reaktions-Prozeß ist *dyadisch*: A reizt B und muß anwesend sein, um das (ebenfalls anwesende) B zu reizen." Auf der Beobachterebene kann das Hochgehen des Knies wiederum einen Zeichencharakter besitzen: Die Ärztin betrachtet es als „Zeichen (oder Symptom) dafür [...], daß der Reiz empfangen wurde und die entsprechende Reaktion hervorgerufen hat." Sie setzt als Beobachterin (als Interpretin) die Reaktion in Relation zu einem Reiz aufgrund einer sozialen Konvention (einem „sozialen Code"), der es ihr erlaubt, diesen Zusammenhang herzustellen, bzw. von einer Reaktion auf einen Reiz zu schließen: „Ein semiosischer Prozeß hingegen ist immer *triadisch*: Entweder A oder B ist abwesend, und man kann eines der beiden als Zeichen betrachten aufgrund eines dritten Elements, das man Code nennt, bzw. man sagt, der Interpretationsprozeß werde vermittelt durch den Code."

Semiotische Theorie als Kulturtheorie

Eco versteht seine semiotische Theorie als eine Kulturtheorie. Ähnlich wie bei der Analyse der Strukturähnlichkeiten zwischen den Verfahren in der Kunst und in den modernen Wissenschaften grenzt Eco sich auch hier von einer essentialistischen Aussage über Kultur ab. Er behauptet nicht, Kultur *sei* ein „auf Signifikationssystemen beruhendes Kommunikationsphänomen", sondern dass der „Gesamtkomplex der Kultur" als „auf Signifikationssystemen beruhendes Kommunikationsphänomen untersucht werden" *sollte*. Er betrachtet Kultur daher „*sub specie semiotica*" (unter dem Gesichtspunkt der Semiotik). Man kann Kultur auf unterschiedliche Weisen analysieren, aber wenn man sie als „Signifikationssystem" betrachtet, dann – so Eco – können wir ihre unterschiedlichsten Dimensionen, ihre Phänomene und Prozesse ausgehend von einem einheitlichen Modell beschreiben. Das bereits Ende der 50er bis Anfang der 60er Jahre formulierte Programm einer „interdisziplinären Reduktion" als Neubestimmung der Aufgabe der Philosophie findet hier, in der Überführung in eine semiotische Theorie als Kulturtheorie, seine Realisierung.

Kultur als Signifikationssytem

Am Beispiel der Entstehung des Werkzeugs zeigt Eco, wie bereits auf einer elementaren Ebene Kultur und Zeichensysteme zusammenhängen. Betrachtet man kulturelle Phänomene *sub specie semiotica*, dann lassen sich auch Grenzen zu Handlungen ziehen, die noch nicht der Sphäre der Kultur angehören. Einen „Naturgegenstand in ein Werkzeug" umzuwandeln, erlaubt es noch nicht, von Kultur zu reden. Wenn ein Australopithecus einen Stein nimmt, „um den Schädel eines Pavians zu zertrümmern", ist das ein singulärer und zufälliger Akt. Es fehlt seine Einordnung in ein Signifikationssystem. Damit der Stein in seiner Verwendung als Werkzeug als Kulturphänomen betrachtet werden kann, müssen folgende Bedingungen erfüllt sein: (1) Ein „denkendes Wesen" muss „die neue Funktion des Steins" festsetzen „(unabhängig davon, ob es ihn bearbeitet)"; es muss (2) ihn als „Stein, der zu etwas dient", bezeichnen „(unabhängig davon, ob es das anderen gegenüber oder nur für sich tut)"; es muss „ihn identifizieren als ‚den Stein, der der Funktion F entspricht und den Namen Y trägt' (unabhängig davon, ob es ihn ein zweites Mal in dieser Weise verwendet: es genügt, daß es ihn überhaupt identifiziert)".

Zeichenstruktur kultureller Phänomene

Diese drei Schritte erzeugen einen Zusammenhang, der sich wie folgt abbilden lässt:

S_1 ist der Stein, dessen „mögliche Funktion" z.B. einen Schädel zu zertrümmern, der Australopithecus zufällig entdeckt hat. S_2 ist ein zweiter, von S_1 verschiedener Stein. Einige Zeit, nachdem er S_1 verwendet hat, sieht er S_2. Es kann sich nun folgender Prozess ereignen: Der Australopithecus erkennt einen Zusammenhang zwischen S_1 und S_2, indem er beide als Exemplare („*token*") „eines allgemeinen Modells (St)", eines „abstrakten *Typus*", sieht und beide darauf bezieht. „Unser Australopithecus, der S_2 findet und fähig ist, ihn (und S_1) unter den Typus St zu subsumieren, betrachtet ihn somit als *Signifikant* einer möglichen Funktion F. S_1 und S_2 als Exemplare des Typus St sind signifizierende Formen, die auf F *verweisen* und *für sie stehen*." Dabei ist die Übertragung von S_1 auf S_2 zentral, weil sie einen Abstraktionsprozess impliziert. Der mögliche Werkzeugcharakter des Steines wird erst dann erkannt, wenn realisiert wird, dass auch ein anderer Stein dieselbe Funktion F ausüben kann: Die Benennung des Steins als „Stein, der zu etwas dient", beschränkt sich nicht auf *diesen einen* Stein, sondern bezieht sich auf den „abstrakten Typus" Stein. Dabei können S_1 und S_2 Signifikanten der Funktion F sein, sie können also diese Funktion – die dann das Signifikat wäre – bedeuten. Zugleich kann aber auch die Funktion F („Schädel zertrümmern") auf die Steine verweisen, womit das „*Gesetz totaler Reversibilität*", die die Zeichensysteme ausmacht, ebenfalls erfüllt wäre. Der Zusammenhang all dieser Elemente und Prozesse stellt ein Signifikationssystem dar.

„Der Mensch als symbolisches Wesen"

In Anlehnung an eine berühmte Definition des deutschen Kulturphilosophen Ernst Cassirer (1874–1945) versteht auch Eco den Menschen als *„symbolisches Wesen"* („*animal symbolicum*"): In „diesem Sinne sind nicht nur die Wortsprache, sondern Kultur insgesamt, die Riten, die Institutionen, die sozialen Beziehungen, die Bräuche usw. nichts anderes als symbolische Formen [...], in die er seine Erfahrungen faßt, um sie austauschbar zu machen: Man stiftet Menschheit, wenn man Gesellschaft stiftet; aber man stiftet Gesellschaft, wenn man Zeichen austauscht." Der „Stein, der zu etwas dient", veranschaulicht diesen Prozess sehr deutlich: „Durch das Zeichen löst der Mensch sich los von der rohen Wahrnehmung, von der Erfahrung des *hic et nunc*, und abstrahiert. Ohne Abstraktion gibt es keinen Begriff, ohne Abstraktion gibt es erst recht kein Zeichen." Cassirer schlägt die Definition *„animal symbolicum*" vor, weil die klassische philosophische Bestimmung des Menschen als vernünftiges Wesen („animal rationale") zu kurz greift: „Der Begriff der Vernunft ist höchst ungeeignet, die Formen der Kultur in ihrer Fülle und Mannigfaltigkeit zu beschreiben."

Distanz als anthropologische Leistung

Aus der Perspektive der Vernunft wäre die Magie eine irrationale Praktik, ausgehend vom Verständnis des Menschen als symbolisches Wesen erscheint sie allerdings als bedeutsame kulturelle Leistung, der eine eigene Form der Rationalität (man könnte sie etwa als semiotische Rationalität bezeichnen) zukommt. Dabei geht es nicht nur darum, dass Menschen Zeichen produzieren können, sondern darum, dass sie auf Produktion und Deutung von Zeichen angewiesen sind, um überhaupt überleben zu können. Die Fähigkeit (und Notwendigkeit) des Menschen, von der Erfahrung des Hier und Jetzt zu abstrahieren, ist die Fähigkeit, in ein Verhältnis der Distanz zur Wirklichkeit zu treten: „Man hat Macht über die Dinge durch ihre Zeichen oder durch andere Dinge, die man als Zeichen für sie betrachtet."

„Macht" wird hier in einem elementaren Sinne verstanden: Den Bedrohungen der unbekannten und unbeherrschten Natur ausgesetzt, müssen die frühen Menschen Techniken der Naturbeherrschung erfinden. Die Magie ist eine solche Kulturtechnik, durch die „man den Zauber an Zeichen" ausführt, „die für etwas anderes stehen".

Kultur als „epistemologisches Problem“

Die antimetaphysische Haltung, die Eco in kritischer Auseinandersetzung mit Pareyson entwickelt hat, wirkt in seiner semiotischen Theorie nach. Grit Fröhlich hat ausführlich rekonstruiert, wie Ecos Beschäftigung mit der Ästhetik die Grundlage für seine Semiotik bildet. Wenn Eco schreibt, dass das „Modell eines offenen Kunstwerks“ nicht „eine angeblich objektive Struktur der Werke [...], sondern die Struktur einer Rezeptionsbeziehung“ wiedergibt, dann will er die Analyse der Kunstwerke nicht mit einer Aussage über ihre ontologische Struktur verwechselt wissen. Im Mittelpunkt steht, wie bereits ausgeführt, das Kunstwerk als „epistemologisches Problem (wie gibt es das, was es gibt)“. Die Kultur *sub specie semiotica* zu betrachten, bedeutet ebenfalls, sie als epistemologisches Problem aufzufassen: „Ecos Anliegen ist es, die Produktion und Interpretation von Artefakten auf kulturelle Regeln zu begründen, ohne Rückgriff auf eine natürliche und ontologische Ordnung. Der Mensch lebt in einer kulturellen Welt und auch sein Verhältnis zur Natur ist ein kulturelles. Die Beziehung zwischen Subjekt und Objekt ist stets durch Zeichen vermittelt.“

Ontologischer vs. methodologischer Strukturalismus

In diesem Sinne steht Eco in der Tradition von Immanuel Kant (1724–1804), der die Erkennbarkeit eines „Dinges an sich“ ausschließt: „Auch der Semiotiker vermag die Dinge an sich nicht zu erkennen, sondern lediglich Modelle zu entwerfen, die Dinge aus einer bestimmten Perspektive beschreiben, ohne damit Aussagen über die Wirklichkeit zu treffen“. Auch dann, wenn Eco sich der Frage nach dem Sein (der ontologischen Frage schlechthin) stellen wird, wird er diese immer als Frage nach dessen Interpretation stellen: „Sobald es vor uns steht, erzeugt das Sein Interpretationen; sobald wir über es sprechen können, ist es bereits interpretiert.“ Eco wendet sich gegen die auf Thomas von Aquin zurückgehende Auffassung der Erkenntnis als Übereinstimmung der Sache mit der Vernunft (*adaequatio rei et intellectus*). Diese basiert auf der Prämisse, dass „die Denkgesetze mit den Seinsgesetzen identisch“ sind, und lebt im „ontologischen Strukturalismus“ eines Claude Lévi-Strauss fort. Dem setzt Eco einen „methodologischen Strukturalismus“ gegenüber, der davon ausgeht, dass „Strukturen und Codes lediglich Beschreibungsmodelle sind.“ Diese Beschreibungsmodelle sind für Eco wesentlich „inferentielle Prozesse“ (Interpretationsprozesse), die „hauptsächlich in der Form der Peirceschen *Abduktion* [...] die Grundlage aller semiotischen Phänomene ausmachen.“

„Ideologie als semiotische Kategorie“

Als Beschreibungsmodelle sind Strukturen und Codes wandelbar: „Ein semantisches System oder Subsystem ist ein möglicher Weg, der Welt Form zu geben. Als solches bildet es eine *Teilinterpretation* der Welt und kann theoretisch jederzeit revidiert werden, wenn neue Botschaften, die den Code semantisch restrukturieren, neue positionale Werte einführen.“ Ecos semiotische Reformulierung der Ideologiekritik lässt sich hier verorten. Ideologie wird (in Anlehnung an Antonio Gramsci, 1891–1937) als „organisiertes Weltbild“ verstanden, das man beim Sender einer Botschaft voraussetzt und das (auch unbewusst) beim Empfänger zum Tragen kommt, wenn eine Botschaft decodiert wird. Die Aussage „Marsianer essen Babies“ geht z.B. mit der kulturell negativ besetzten Konnotation von „Kannibalismus“ einher. Würde jemand spezifizieren, dass Marsmenschen die Kinder anderer Spezies essen würden (so wie wir „Tier-Babies“ von „einer anderen Spezies“ essen), würden andere Konnotationen aktiviert werden. Eco sieht die „kritische Funktion der Wissenschaft“ darin, diese Subcodes, die z.B. die Konnotationen „Marsianer essen Babies“ und „Kannibalismus“ verbinden, infrage zu stellen. „Im Allgemeinen scheut der gewöhnliche Rezipient jedoch davor zurück, die Äußerungen einer solchen Prüfung zu unterziehen, und wendet seine eigenen, vertrauteren Subcodes an, wobei er in ‚partiellen‘ Ansichten verhaftet bleibt und seinen eigenen Standpunkt verabsolutiert.“

Semiotik als Sozialkritik und soziale Praxis

Als „organisiertes Weltbild“ ist Ideologie erstmal ein neutraler Begriff. Er wird negativ besetzt, wenn die Ideologie ihre Teilinterpretation, ihre partiellen Ansichten absolut setzt. Als organisierte Weltbilder können Ideologien Gegenstand einer semiotischen Analyse werden, auch dort, wo sie implizit (und somit nicht sichtbar) sind. Ideologiekritik wäre ein Akt der Interpretation, der den verborgenen Code sichtbar macht, der eine bestimmte Botschaft strukturiert, um gegen seine Verabsolutierung zu wirken und ihn somit als gemachtes und daher auch als veränderbar auszuweisen. Eine „Theorie der Codes“ kann „durch Aufzeigen der verborgenen Zusammenhänge eines bestimmten kulturellen Systems“ die Wege enthüllen, „auf denen die Arbeit der Zeichenerzeugung die Komplexität eines solchen kulturellen Netzwerks entweder respektieren oder verraten kann, und damit der menschlichen Arbeit der Transformation von Sachverhalten anpaßt (oder von ihr loslöst).“ Semiotik wird von Eco als Form von Sozialkritik und somit auch als Form „sozialer Praxis“ verstanden, da sie kritisch untersuchen kann, welche Codes Ideologien strukturieren und wie durch Zeichenerzeugung Ideologien hervorgebracht, aber auch kritisiert werden können. Indem die Semiotik ihre Beschreibungsmodelle als provisorische betrachtet, schützt sie sich, so Anna Maria Lorusso, davor, selbst zur Ideologie zu werden, selbst die eigenen Modelle zu verabsolutieren, etwa in Form ihrer Ontologisierung.

Die „Theorie der Zeichenerzeugung"

In seiner „Theorie der Zeichenerzeugung", die den zweiten Teil der *Semiotik* ausmacht, fragt Eco: „Was geht vor, wenn ich ein Zeichen oder eine Kette von Zeichen erzeuge?" Um auf diese Frage zu antworten, entwirft er eine „Typologie der Erzeugungsmodi von Zeichen", die aus vier Parametern und „vier Typen der Erzeugungsarbeit" besteht. Die Parameter sind 1) „PSYCHISCHE ARBEIT, die zum Erzeugen von Ausdrücken erforderlich ist", 2) „TYPUS/EXEMPLAR-VERHÄLTNIS", 3) „zu formendes KONTINUUM", 4) „GLIEDERUNGSMODUS". Die „vier Typen der Erzeugungsarbeit" sind 1) „Erkennen", 2) „Ostension", 3) „Reproduktion" und 4) „Erfindung".

„Erzeugungsarbeit"

Am Anfang jeglicher Zeichenproduktion steht „die für das Erzeugen von Ausdrücken erforderliche physische Arbeit", wobei diese im „Erkennen eines bereits vorhandenen Gegenstandes oder Ereignisses als Zeichen bis zum Erfinden vorher nicht existenter und nicht codierter Ausdrücke reicht". Beispiele für diese „Erzeugungsarbeit" sind die „akustischen Emissionen", aber auch eine Geste, ein hergestelltes Objekt oder ein gezeichnetes Bild.

Beispiel für eine *ratio difficilis*: Eine Geste, die eine Richtung angibt, z.B. das Zeigen auf etwas.

„Typus/Exemplar-Verhältnis": „ratio facilis" und „ratio difficilis"

Das „TYPUS/EXEMPLAR-VERHÄLTNIS" (in Englisch *type-token-ratio*) bestimmt das „quantifizierbare Verhältnis zwischen dem konkreten Vorkommen sprachlicher Einheiten (*tokens*) und den von ihnen repräsentierten abstrakten Einheiten (*types*)." Eco unterscheidet zwischen zwei Verhältnisarten: der *„ratio facilis"* (einfaches Verhältnis) und der *„ratio difficilis"* (schwieriges Verhältnis). Man hat eine *ratio facilis*, wenn das Verhältnis von Typus und Exemplar nach einem vorgegebenen Code mit seinen bekannten Regeln hergestellt wird. Wörter oder Verkehrszeichen gehören zur *ratio facilis*, da die Produktion eines „Ausdrucks-Exemplars" auf der durch einen Code bzw. „Ausdrucks-System" bestimmten institutionalisierten Übereinstimmung mit dem entsprechenden „Ausdrucks-Typ" beruht. Mit de Saussure gesagt: Der Ausdruck auf der Ebene der *parole* (der konkreten gesprochenen Sprache) entspricht einem Inhalt auf der Ebene der *langue* (dem abstrakten Sprachsystem), wobei die „Unterschiede bei der Aussprache" keine Rolle spielen, „solange sie die Erkennbarkeit der relevanten Eigenschaften nicht beeinträchtigen". Bei der *ratio difficilis* entspricht das „Ausdrucks-Exemplar" keinem vorgegebenen „Ausdrucks-Typ", vielmehr scheint es so zu sein, dass „der Ausdruck durch die Natur des Inhalts motiviert ist." Eco nennt als Beispiele für eine *ratio difficilis* z.B. einen Abdruck, eine Geste, die eine Richtung angibt, oder die Malerei.

Kontinuum und Gliederungsmodus

Das „zu formende KONTINUUM" kann wiederum „homomateriell" – der Ausdruck wird aus dem „gleichen Material" gebildet, „aus dem der mögliche Referent der Zeichen-Funktion" besteht – oder „heteromateriell" – das Material des Ausdrucks unterscheidet sich von dessen Referenten – sein. Ein Fußabdruck ist z.B. heteromateriell, weil der Abdruck (etwa im Sand) nicht aus dem Material des Referenten (dem Fuß) besteht. Der „GLIEDERUNGSMODUS" reicht wiederum von bereits codierten Systemen zu solchen, die noch nicht bekannt sind.

Erkennen

„Erkennen findet statt, wenn ein bestimmter Gegenstand oder Sachverhalt, natürlichen oder menschlichen (absichtlichen oder unabsichtlichen) Ursprungs und als Faktum in einer Welt von Fakten existierend, von einem Empfänger als Ausdruck eines bestimmten Inhalts betrachtet wird, entweder aufgrund einer bereits vorhandenen codierten Korrelation oder dadurch, daß der Empfänger eine mögliche Korrelation selber setzt." Wenn der Empfänger eine „Korrelation selber setzt", dann stellt er eine Hypothese darüber auf, dass etwas ein Zeichen für etwas anderes sein könnte.

Ostension

„Ostension liegt vor, wenn ein bestimmter, natürlicher oder von Menschen (absichtlich oder unabsichtlich) erzeugter (und als Faktum in einer Welt von Fakten existierender) Sachverhalt von jemandem herausgegriffen und als Ausdruck der Klasse, deren Angehöriger er ist, *gezeigt* wird." Hierunter fallen etwa (fiktive) Beispiele oder Muster. Das dabei geformte Kontinuum ist homomateriell, man denke etwa an ein Stück Stoff, das der Schneider zeigt, „um zu verdeutlichen, wie der ganze Anzug aussehen wird". Beispiele und Muster stehen in der Mitte zwischen der *ratio facilis* und der *ratio difficilis*.

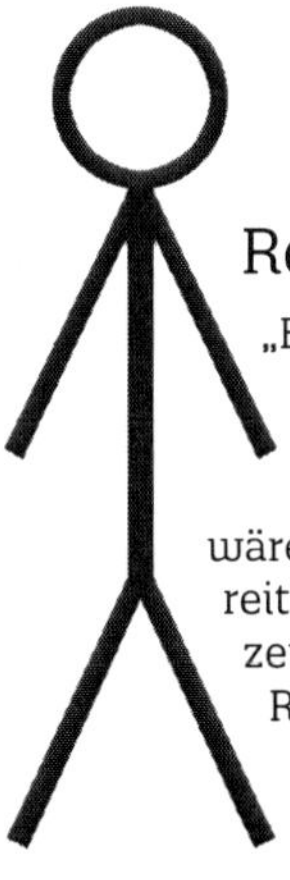

Reproduktion

„Bei der Reproduktion ist der Typus vom Exemplar verschieden. Der Typus schreibt nur die essentiellen Eigenschaften vor, die das Exemplar besitzen muß, um als gutes Exemplar zu gelten, unabhängig von seinen übrigen Eigenschaften." Das oben erwähnte Verhältnis zwischen *langue* und *parole* wäre ein Beispiel für eine Reproduktion. Weitere Beispiele sind Vektoren (der bereits erwähnte zeigende Finger) oder Stilisierungen (z.B. Strichmännchen). Beim zeigenden Finger handelt es sich um eine ratio difficilis, „denn die erzeugte Richtung ist dieselbe wie die, von der man ‚spricht'", also die, auf die man im Akt des Zeigens hinweist. Aufgrund ihrer starken Konventionalisierung handelt es sich bei einer Stilisierung dagegen um eine *ratio facilis*.

Erfindung

Eco problematisiert selber seine vorgeschlagene Bestimmung einer *ratio difficilis* als Fall, worin „der Ausdruck durch die Natur des Inhalts *motiviert* ist." Beim Erkennen, bei der Ostension und bei der Reproduktion stellt man letztlich „die Korrespondenz zwischen einem Exemplar und seinem Typus" her, weil „der Typus bereits als kulturelles Produkt existiert." Auch wenn der zeigende Finger im Akt des Zeigens seinen Inhalt stiftet, beruht unsere Deutung des Zeigens darauf, dass wir ein kulturell verankertes Wissen vom Zeigen als Akt haben. Wenn wir einen Abdruck sehen, dann konstruieren wir ein hypothetisches Ausdrucks-System und deuten den Abdruck so, als ob er ein Exemplar eines angenommenen Typus wäre. Anders verhält es sich bei der Erfindung, die sich radikal von den anderen drei Arten der Zeichenerzeugung unterscheidet. „Als Erfindung können wir einen Erzeugungsmodus definieren, bei dem der Erzeuger einer Zeichen-Funktion ein neues, noch nicht für diesen Zweck segmentiertes Materialkontinuum wählt, und eine neue Art, ihm Form zu geben, vorschlägt, um die relevanten Elemente eines Inhalts-Typus in es zu *transformieren.*" Erfindungen werden von einer *ratio difficilis* getragen und sind heteromateriell.

Das Kunstwerk als Erfindung

Da bei der Erfindung „keine vorherige Konvention existiert, um die Elemente des Ausdrucks dem Inhalt zu korrelieren, muß der Zeichenerzeuger diese Korrelation in irgendeiner Weise *setzen*, um sie akzeptierbar zu machen." Diese Notwendigkeit bei der Erfindung erinnert an die Ausführungen von Pareyson über das „Machen" im Sinne einer künstlerischen Tätigkeit, die beim Herstellen des Kunstwerks dessen Regeln festsetzt, so dass die „Ausführung die Anwendung der Regel ist": „Das Formen bedeutet daher ‚Machen': Es geht aber um ein Machen, das gerade beim Machen die Machensweise erfindet." Zugleich erinnert die Bestimmung der Erfindung an Ecos Ausführungen zur experimentellen Kunst, deren Bruch mit der Tradition mit dem Willen einhergeht, „akzeptiert zu werden". Idealtypisch lassen sich, nach Eco, gemäßigte von radikalen Erfindungen unterscheiden, auch wenn diese Unterscheidung in Wirklichkeit nicht in ihrer Reinform durchgeführt werden kann: Gemälde und ästhetische Texte sind komplexe Gebilde, bei denen es nicht leicht ist, zwischen Erfindung, Reproduktion und Ostension zu unterscheiden: „Semiose entsteht niemals *ex novo* und *ex nihilo.* Nur auf dem Hintergrund einer alten Kultur kann eine neue Kultur ins Dasein treten."

Verschiedene Arten der Schlussfolgerung

Die „Elemente, die bei jeglichem Folgerungsprozeß ins Spiel gebracht werden können", so Ugo Volli, Semiotiker und Kollege Ecos an der Universität von Bologna, „sind drei: ein *Ereignis* (Antezedenz, Ursache), ein *Ergebnis* (Konsequenz, Wirkung) und eine *Regel*, die die beiden vorausgehenden Ereignisse in Verbindung bringt. Wenn zum Beispiel das Ereignis *Feuer* ist und das Ergebnis *Rauch*, dann besagt die Regel: *Wenn Rauch entsteht, ist auch Feuer da.* Je nach Anordnung dieser drei Elemente erhalten wir nun drei verschiedene Arten der Folgerung: die *Deduktion*, die *Induktion* und die *Abduktion*." Nach Ecos interpretativer Semiotik beruht eine Interpretation auf der Hypothesenbildung oder Abduktion. Diese entwickelt er wiederum, ausgehend von Peirce, um sie durch die Unterscheidung zwischen Über- und Untercodierung, „kreativer Abduktion" und „Meta-Abduktion" weiter zu differenzieren und für eine Analyse von Erkenntnisprozessen fruchtbar zu machen. Die Abduktion macht eines der Kernelemente von Ecos Semiotik aus.

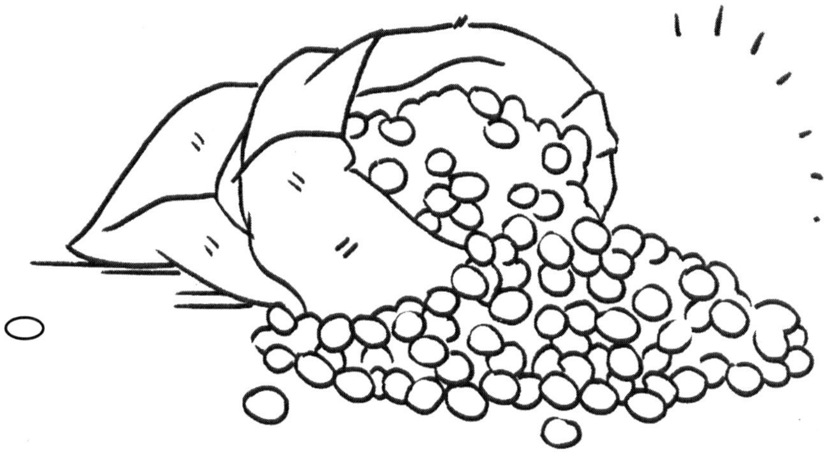

Deduktion – Induktion – Abduktion

Die verschiedenen Anordnungen von Ereignis bzw. Fall, Ergebnis bzw. Resultat und Regel sehen wie folgt aus:

„Im Fall der logischen *Deduktion* besteht eine Regel, aus der ich, wenn ein Fall gegeben ist, ein Resultat ableite: *Alle Bohnen aus diesem Sack sind weiß – Diese Bohnen stammen aus diesem Sack – Diese Bohnen sind weiß.*
Im Fall der *Induktion* leite ich, wenn ein Fall und ein Resultat gegeben sind, eine Regel ab: *Diese Bohnen stammen aus diesem Sack – Diese Bohnen sind weiß – Alle Bohnen aus diesem Sack sind (*wahrscheinlich*) weiß.*
Im Fall der *Hypothese* oder *Abduktion* wird von einer Regel und einem Resultat auf einen Fall geschlossen: *Alle Bohnen aus diesem Sack sind weiß – Diese Bohnen sind weiß – Diese Bohnen stammen (*wahrscheinlich*) aus diesem Sack.*"

Im Falle der Deduktion erhalten wir keine neue Erkenntnis, da uns die Regel bereits bekannt ist und das Ergebnis diese lediglich bestätigt. Während die Deduktion somit sichere Schlüsse erlaubt, weisen Induktion und Abduktion hingegen ein Maß an Unsicherheit auf.

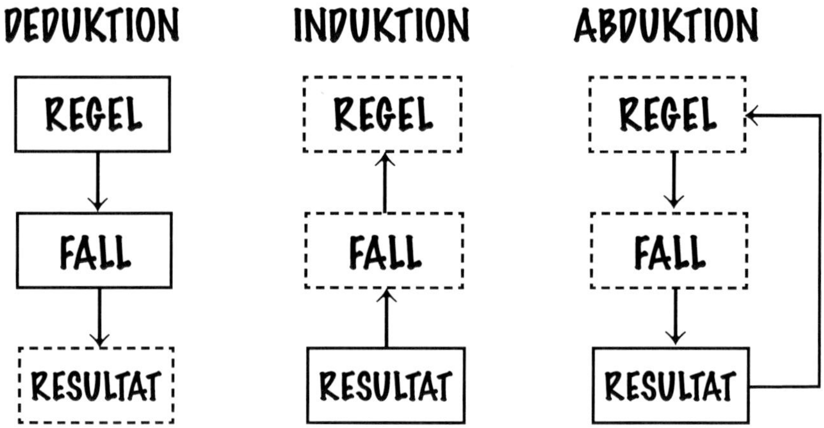

Abduktion als „gewagter Gedankensprung"

Bei der Induktion „gehen wir experimentell vor", indem wir aus einem Sack, dessen Inhalt wir nicht kennen, diesen schrittweise entnehmen, um daraus durch eine Verallgemeinerung auf eine Regel zu schließen. Durch diese Verallgemeinerung wird unsere Erkenntnis der Welt erweitert, wobei wir über die aufgestellte Regel „erst dann sicher sein [können], wenn wir auch die letzte Bohne aus dem Sack geholt haben." Der Erkenntniszuwachs bleibt somit „natürlich immer irrtumsanfällig". Der Erkenntnisgewinn, aber auch die Irrtumsanfälligkeit, sind bei der Abduktion noch größer. Volli variiert dabei das von Peirce stammende Bohnen-Beispiel: Wir betreten einen Raum, worin sich auf einem Tisch weiße Bohnen und ein Leinensack voller Bohnen befinden. Wir wissen allerdings weder, ob die Bohnen aus dem Sack sind, noch, ob die Bohnen im Sack weiß sind. „Was machen wir? Wir vermuten (stellen die Hypothese auf), daß unser Sack weiße Bohnen enthält und daß die auf dem Tisch verstreuten Bohnen aus dem Sack gefallen sind." Er beschreibt die „zweifache logische Operation", die in diesem Folgerungsprozeß wirksam wird, wie folgt: „Wir stellen uns nämlich zugleich vor, (a) der Sack enthalte weiße Bohnen (Regel) und (b) die Bohnen auf dem Tisch seien aus dem Sack gefallen, d.h. bilden ein Ereignis der allgemeinen Regel. Doch können wir auf beiden Seiten irren." Aber auch wenn wir die Regel (alle Bohnen in diesem Sack sind weiß) bereits kennen sollten und auf dem Tisch weiße Bohnen sehen, findet trotzdem ein „gewagter Gedankensprung" statt, wenn wir *diese* Bohnen diesem Sack zuordnen.

Die riskante Wette der Erkenntnis

Das von Volli beschriebene Szenario birgt ein hohes Maß an Unsicherheit, die eine empirische Überprüfung notwendig macht. Wir greifen somit in den Sack und entnehmen daraus Bohnen. Sofern diese weiß sein sollten, bestätigen sie unsere Hypothese: „Je größer die Anzahl der Fälle ist, die unsere Abduktion bestärken, um so eher dürfen wir uns ihrer Gültigkeit sicher sein." Im Gegensatz zum Bohnen-Szenario sind wir im Alltag allerdings, so Volli, „dauernd gezwungen, auf bestimmte Regeln zu setzen, die wir aber nie völlig überprüfen können." Eine Hypothese aufzustellen, ist demnach mit dem Schließen einer riskanten Wette vergleichbar: „Die zur Erklärung der festgestellten Tatsache [...] erdachte Regel könnte zwar stimmen, doch sind auch andere, ebenso vernünftige Regeln möglich." Zugleich ist diese riskante Wette Voraussetzung für einen kreativen Erkenntnisprozess, der uns ermöglicht, Neues zu entdecken. Sie bildet die Grundlage einer semiotisch umformulierten Theorie der Interpretation.

Exkurs: Serendipidät

Am 31. März 1985 erscheint Ecos erster Beitrag in der Rubrik „La Bustina di Minerva" (dt. „Streichholzbriefe"), die er bis März 1998 wöchentlich, ab da an alle zwei Wochen für die Zeitschrift *L'Espresso* führen wird. Der Name der Rubrik geht auf die Streichholzpackung der Firma „Minerva" zurück und „auf die Tatsache, daß man auf die Innenseite des Deckels" in den unterschiedlichsten Situationen kleine Notizen schreiben konnte. Diese Kombination aus Spontaneität, zufälligem Einfall und Alltagssituation auf der einen und der räumlichen Begrenztheit des Trägers auf der anderen Seite besitzt einen programmatischen Charakter, der sich in den spezifischen Einschränkungen des Publikationsmediums widerspiegelt (die „Bustine" erscheinen auf der letzten Seite der Zeitschrift). Sie sind Gelegenheitstexte, die meistens ein Phänomen und dessen Implikationen beleuchten, Gewohntes hinterfragen oder anhand minimaler Verschiebungen den Blick der Leser*innen auf Zusammenhänge lenken, die zu Beginn der Lektüre noch nicht vorgezeichnet waren.

In seiner ersten „Bustina", die den Titel „Che bell'errore!" trägt (dt. „Welch ein schöner Irrtum!"), inszeniert Eco genau diese Vorgehensweise. Zentral ist dabei der Akt des flüchtigen Aufzeichnens, des Festhaltens von Intuitionen und unausgereiften Ideen über wichtige und nichtige Phänomene. Dabei erfolgen die Gedankengänge durchaus assoziativ und unstrukturiert: Eco schreibt von seinen Gedanken beim Zuschauen der amerikanischen TV-Krimiserie *Columbo* und darüber, wie verwunderlich es sei, wie „weit man mit einem Irrtum [idea sbagliata]" kommen könne. In der „Bustina" springt Eco dann vom Inspektor Columbo zu Christoph Columbus und zu manch anderer Figur, die, vom Irrtum gelenkt, etwas anderes – bedeutsames – entdeckt hat als ursprünglich geplant. Dieser eigentümliche Erkenntnisprozess, bekannt als Serendipität, beschreibt nach Eco auch die Arbeit des Wissenschaftlers, des Philologen und des Detektivs, wenn diese kreativ handeln und, statt vorgegebenen Wegen zu folgen, neue Möglichkeiten gleichsam spielerisch denken. Serendipität, Kreativität und Abduktion stehen somit in einem engen Verhältnis zueinander und bilden die Grundlage einer intellektuellen Einstellung zur Welt.

Über- und Untercodierung

Beim Prozess der Abduktion spielt unser kulturelles (und damit auch konventionalisiertes) Wissen eine zentrale Rolle. Eco unterscheidet dabei zwischen vier verschiedenen Formen der Abduktion. Bei der Übercodierung erfolgt die Schlussfolgerung ausgehend von der Deutung eines Zeichens (weiße Bohnen) in Bezug auf eine bereits bekannte Regel bzw. einen bereits bekannten Code (alle Bohnen in diesem Sack sind weiß). Sie unterscheidet sich von der Deduktion darin, dass der Zusammenhang zwischen Zeichen (weiße Bohnen) und Regel bzw. Code (alle im Sack enthaltenen Bohnen sind weiß) aufgrund einer Verbindung stattfindet.

Bei der Untercodierung wird das Zeichen in Bezug zu einem möglichen Code gedeutet, wobei auch andere gleichwertige Codes zur Auswahl stehen: „Da das Gesetz als das plausibelste unter vielen ausgewählt wird, man aber nicht sicher sein kann, ob es das ‚korrekte' ist oder nicht, wird die Erklärung bis zu weiteren Gültigkeitsproben *aufrechterhalten*."

Konvention, Innovation, Kreativität – die „kreative Abduktion" und die „Meta-Abduktion"

Die Bewegung der Übercodierung führt zu einer Konsolidierung bereits bestehender Codes, während die Bewegung der Untercodierung stärker innovativ ist, indem sie einen möglichen Code annimmt, um eine Anzahl disparater Phänomene als zusammenhängend deuten zu können. Sofern die unterschiedlichen Phänomene im Lichte des möglichen Codes kohärent gedeutet werden können, bestätigen sie dessen Gültigkeit, wobei diese Bestätigung provisorisch bleibt, da neue Phänomene hinzutreten können, die sich nicht einer kohärenten Interpretation fügen. Bei der dritten Form, der „kreativen Abduktion", steigert sich der Innovationsgrad: Hier muss die Regel „*ex novo* erfunden werden". Dies lässt sich, mit Volli, auch als eine „Konstruktion der Wahrscheinlichkeit" bezeichnen. Diese Schlussfolgerung ist daher *zugleich innovativ und kreativ*. Sie benötigt allerdings eine Meta-Abduktion, also eine Entscheidung darüber, ob der neue Code im „Universum unserer Erfahrung" vorhanden ist, im Gegensatz zu den Fällen von Über- und Untercodierung, bei denen die zur Auswahl stehenden Regeln von vornherein in unserem Erfahrungshorizont liegen. Wenn die Hypothese durch die Überprüfung in ihrer Gültigkeit bestätigt wird, „verändert sich auch das vorherrschende Universum" und es findet ein Zuwachs an Erkenntnis statt.

Alltägliche Abduktion

Der Unterschied zwischen Dr. Watsons und Sherlock Holmes' abduktiven Schlussfolgerungen liegt, so Volli, darin, dass „die Vermutungen des Doktor Watson stets banal sind (da sie die gewohnten Schemata stur befolgen), wogegen Holmes' Hypothesen exzentrisch und riskant scheinen, aber gerade deswegen eine weitaus größere Erklärungskraft besitzen". Die Aufteilung in vier verschiedene Formen der Abduktion, die mit einer Steigerung des Innovationsgrades einhergehen, soll allerdings nicht zu einer Abwertung der Übercodierung führen. In den meisten Fällen reicht sie vollkommen aus, um den Alltag zu meistern: „Ein Schüler kleidet sich in einer bestimmten Weise. X ist so gekleidet, also sieht er für mich wie ein Schüler aus. Wenn es regnet, gebraucht man Schirme. Ich sehe jemanden einen geöffneten Schirm tragen, und ich denke, es regnet."

Nochmal zurück zum Zeichen

Regenschirme oder bestimmte Kleidungsstücke werden in den genannten Beispielen als Zeichen wahrgenommen, indem wir sie (in Anlehnung an Jakobsons Terminologie) als Botschaft (oder Mitteilung) betrachten: „Etwas als Botschaft zu behandeln bedeutet, ihm *Relevanz* gegenüber der Wirklichkeit zu verleihen, d.h. anzunehmen, daß ein *Kontext* [...] oder ein *Inhalt* da ist, auf den diese Botschaft *verweis*t bzw. *sich bezieht.*" Das Interessante an dieser Situation ist, so Volli, dass wir nicht einen Sender haben, der einem Adressaten eine Botschaft schickt,

SENDER ⟶ BOTSCHAFT ⟶ ADRESSAT

sondern einen Adressaten, dem „etwas als Botschaft von einem Kontext" erscheint.

BOTSCHAFT / KONTEXT ⟵ ADRESSAT

Wenn das Zeichen *„aliquid pro aliquo"* ist, also „etwas, das von *jemandem* als Hinweis auf *etwas anderes erkannt* wird", und diese Hinweisstruktur den Charakter einer Annahme aufweist, dann ist auch die Wahrnehmung von etwas als Zeichen Ergebnis eines Abduktionsprozesses – ähnlich wie beim Stein, der als Werkzeug (oder als Kunstwerk) wahrgenommen wird. Vom Tragen eines Regenschirmes auf Regen zu schließen, ist dabei etwas anderes, als von einer nassen Straße auf Regen zu schließen. „Kodiertheit und Konventionalität", so Winfried Nöth (1944) zusammenfassend, „sind die Zeichenkriterien, die bei Eco die Trennungslinie zwischen Kultur und Natur bestimmen." Es gibt somit, wie bereits erwähnt, streng genommen keine natürlichen Zeichen, auch wenn die Möglichkeit besteht, dass „auch Phänomene der Natur, unter semiotischer Perspektive betrachtet, zu Zeichen werden." Wird der Zusammenhang „durch eine sozial gelernte Regel" hergestellt, spricht man von einem Zeichenprozess: „Sobald aber Verbindungen zwischen natürlichen Ursachen und deren Wirkungen hergestellt werden, die kulturelle Regeln und Lernprozesse beinhalten, sieht Eco die Bedingung für Zeichenhaftigkeit erfüllt." Wie steht es nun mit der nassen Straße und dem Regen oder mit Rauch und Feuer? Wenn man „von einer natürlichen Wirkung auf ihre Ursache" schließt, scheint dieser Schluss unmittelbar stattzufinden. Spielen hier kulturelle Regeln eine Rolle?

Exkurs: Ikon, Index und Symbol

Peirce unterscheidet zwischen drei Klassen von Zeichen, die wiederum durch verschiedene Relationen zwischen Signifikant (dem Bezeichnenden) und Signifikat (dem Bezeichneten) bestimmt werden:

- Ikonische Zeichen: „ob der Signifikant deren Signifikat *ähnlich* ist"
- Indexikalisches (oder hinweisendes) Zeichen: ob der Signifikant „mit dem Signifikat in irgendeiner *natürlichen Verbindung* steht"
- Symbolisches Zeichen: „ob zwischen Signifikant und Signifikat keinerlei vorbestimmtes, sondern ein bloß *willkürliches* Verhältnis besteht"

Beispiele für ikonische Zeichen sind die altägyptische Hieroglyphenschrift oder Piktogramme. Der Rauch ist ein indexikalisches Zeichen, da er in einer natürlichen Verbindung zum Feuer steht. Menschliche Sprachen bestehen aus symbolischen Zeichen. Hier findet man eine Nähe zu der Zeichentheorie von Ferdinand de Saussure: Dass das Wort „Baum" auf der Ausdrucksseite (Signifikant) das mentale Konzept „Baum" auf der Inhaltsseite (Signifikat) bedeutet, beruht auf einer Konvention. Im Englischen würde man „tree" verwenden, im Italienischen „albero".
Das Symbol wird von Peirce als „echtes Zeichen" verstanden: „Ein Symbol ist als ein Zeichen definiert, das zu einem solchen wird kraft der Tatsache, daß es als solches interpretiert wird." Es ist ein „entartetes Zeichen", weil es eine Information vermittelt und uns etwas Neues erkennen lässt: „Ein Zeichen ist etwas, durch dessen Kenntnis wir etwas anderes kennen." Demgegenüber versteht Peirce ikonische und indexikalische Zeichen als „degenerierte Zeichen", da sie keine Informationen oder nur geringfügig Informationen vermitteln.

Archäologischer Ansatz

Seinem archäologischen Ansatz treu, gegenwärtige Debatten ausgehend von der historischen Rekonstruktion der verschiedenen Aussagen zu den debattierten Begriffen zu perspektivieren, setzt sich Eco mit der Geschichte des Begriffs des Zeichens von Aristoteles über die Stoiker hin zur mittelalterlichen Philosophie (insb. Thomas von Aquin und Augustinus), zur Philosophie der Neuzeit (Thomas Hobbes, John Locke) bis hin zu den wichtigsten Vertretern des 20. Jahrhunderts (Edmund Husserl, Ludwig Wittgenstein) auseinander. Durch die Miteinbeziehung der historischen Dimension weist Eco in seinen Arbeiten nach, wie sehr die Philosophie sich immer schon in ihrem Kern mit semiotischen Fragen beschäftigt hat, während diese semiotische Dimension in der Philosophiegeschichte ausgeblendet wurde. Aktuelle Debatten über einen vermeintlichen Tod des Zeichens sowie die Konflikte zwischen verschiedenen Zeichentheorien werden durch diese historische Perspektivierung relativiert, denn sie begleiten den Begriff des Zeichens seit seinen Anfängen.

Natürliche Verbindung und kulturelle Regeln

In der Auseinandersetzung mit der Frage nach den vermeintlich natürlichen Zeichen geht Eco u.a. auf die Stoiker zurück: „Wenn ich eine Wolke oder eine Rauchsäule als bloße physikalische Ereignisse wahrnehme, unterscheiden sie sich nicht von irgendeinem Laut, den ich wahrnehmen kann, ohne ihm semantische Relevanz zuzuschreiben [...]. Wenn ich aber auf der Grundlage einer vorher bestehenden Regel weiß, daß sich Rauch im allgemeinen auf Feuer bezieht, dann ordne ich das Ereignis als den einzelnen Ausdruck eines allgemeineren Inhalts ein, und der Rauch, den ich wahrnahm, wird zu dem perzeptiven Inhalt ‚Rauch'. Diese erste Bewegung von der Empfindung zur Wahrnehmung, der Bedeutung unterlegt wird, ist so unmittelbar, daß wir dazu neigen, sie als semiotisch irrelevant zu betrachten." Stattdessen, so Eco weiter, kommt dieser ersten Bewegung bereits eine große semiotische Relevanz zu. Rauch als indexikalisches Zeichen verweist nicht an sich, allein aufgrund der „natürlichen Verbindung" zum Feuer, auf das Feuer. Vielmehr muss die betrachtende Person das Phänomen beurteilen können, die Sache also erkennen und „als relevant für weitere Prädikationen" ansehen können.

Bedeutsamkeit: Regel und Relevanz

„Tatsächlich muß ich, um aus einer Reihe sensorischer Daten die Form ‚Rauch' fassen zu können, bereits von dem Glauben geleitet sein, daß Rauch auch für das Zeichen weiterer Schlüsse relevant ist. Andernfalls bleibt der Rauch, der mir von der Empfindung übermittelt wird, eine potentielle Wahrnehmung, die ich noch nicht als Rauch identifiziert habe, sondern vielmehr als Nebel, Miasma oder irgendeine Ausdünstung, die nicht durch einen Brand verursacht wird. Nur wenn ich die allgemeine Regel bereits kenne, die besagt ‚wenn Rauch, dann Feuer' kann ich das Sinnesdatum als *bedeutungsvoll* vermerken, wenn ich es als den Rauch ansehe, der Feuer enthüllen kann." Indexikalische Zeichen beruhen, so Eco in Abgrenzung zu Peirce, nicht einfach auf einer natürlichen Verbindung zwischen Signifikant (Rauch) und Signifikat (Feuer), sondern werden immer schon im Rahmen von kulturellen Regeln gedeutet. Ohne diese Regel würde es uns schwerfallen, „Rauch" überhaupt als bedeutsam zu deuten. Auch hier spielt die Abduktion eine Rolle, da ein Zeichen in Relation zu einer Regel gesetzt und auf dieser Grundlage interpretiert wird.

Verschiedene Theorien des Zeichens

Sobald man von Zeichen spricht, sieht man sich mit unterschiedlichen Theorien konfrontiert, die wiederum ein unterschiedliches Verständnis von Zeichen bedingen. Dies betrifft nicht nur die Aufteilung in Ikon, Index und Symbol, die unterschiedliche Klassen von Zeichen bezeichnen, sondern auch ein und dasselbe Phänomen, das je nach Zeichentheorie unterschiedlich interpretiert werden kann. Dies lässt sich anhand des folgenden Beispiels veranschaulichen: „Ein Mann trägt ein Abzeichen mit Hammer und Sichel im Knopfloch. Ist das nun ein Fall von ‚beabsichtigter Bedeutung' (intended meaning; der Mann will damit sagen, daß er Kommunist ist), ein Fall von bildlicher Darstellung (das Abzeichen gibt ‚symbolisch' die Einheit von Arbeitern und Bauern wieder) oder ein Fall von schlußfolgerndem Beweis (wenn er das Abzeichen trägt, dann muß er auch Kommunist sein)?" Die Einordnung des Abzeichens kann aber noch auf anderen Weisen erfolgen: „Es ist wahr, daß dasselbe Phänomen zum Objekt ganz verschiedener Theorien werden kann: Das Abzeichen kann von der anorganischen Chemie unter dem Aspekt untersucht werden, aus welchem Material es besteht, von der Physik unter dem Aspekt, daß es den Gravitationsgesetzen unterworfen ist, von der Ökonomie unter dem Aspekt, daß es ein Industrieprodukt ist, das gekauft und verkauft wird." Ausgehend von seinen Untersuchungen zum Begriff des Zeichens lenkt Eco den Blick auf die „Dialektik von Gegenwart und Abwesenheit", die bei allen Unterschieden in den Zeichentheorien eine Gemeinsamkeit darstellt.

„Dialektik von Gegenwart und Abwesenheit": Das Modell „wenn-dann"

Zu fragen gilt, ob es nicht einen „gemeinsamen Mechanismus" gibt, der mehr oder weniger verdeckt, die unterschiedlichen Zeichentheorien strukturiert. Zurück zum Beispiel: „In unserem Fall aber ist das Abzeichen Objekt der drei (mutmaßlichen) Theorien der Bedeutung, der Darstellung und des Beweises nur insofern, *als es nicht für sich selbst steht.* Es steht nicht für seine molekulare Zusammensetzung, seine Tendenz, zu Boden zu fallen, seine Eignung dafür, verpackt und transportiert zu werden. *Es steht für etwas, das außerhalb seiner selbst ist.* In diesem Sinne gibt es Anlaß zur Verwunderung, und genau das macht es zum abstrakten Objekt ein- und derselben theoretischen Frage." Der „gemeinsame Mechanismus" drückt sich nicht in einer Äquivalenztheorie des Zeichens aus, die man formal als $a \equiv b$ ausdrückt und von einer Äquivalenz von Ausdruck und Inhalt oder einer durch einen Code vorgegebenen starren Korrelation ausgeht. Zeichenprozesse sind von Beginn an nach dem Modell „wenn-dann" strukturiert, das man formal $p \supset q$ ausdrückt. Zeichen sind immer schon Teil der Semiose und basieren somit immer schon auf Interpretationsakten, auf Inferenzen.

Die Offenheit neu perspektivieren

In Folge der Auseinandersetzung mit Peirces Zeichenbegriff und als Reaktion auf den Dekonstruktivismus, insb. amerikanischer Prägung, wird sich Eco ab der zweiten Hälfte der 1970er Jahre vermehrt mit der Frage nach den textuellen Strategien, die die Leser*innen lenken und zugleich von der „Tyrranei des Textes" befreien, sowie, ab den 1980ern, mit den Grenzen der Interpretation auseinandersetzen. Somit kehren in diesen Jahren die literarischen Texte wieder in den Fokus seiner Untersuchungen. Rückblickend erkennt Eco in seinen nach 1963 erschienenen Arbeiten „zwar nicht ausschließlich, aber zu großen Teilen" die Bestrebung, „die semiotischen Grundlagen für jenes Experiment der ‚Öffnung' zu suchen, das ich in *Das offene Kunstwerk* ausgeführt hatte, ohne dafür Regeln anzugeben." Die dem *Offenen Kunstwerk* zugrundeliegende „Theorie der Interpretation" von Pareyson wird in *Lector in fabula* (1979) weitergedacht, indem „das notwendige begriffliche Instrumentarium" entwickelt wird, „um eine Textstrategie auf theoretischer Ebene zu analysieren".

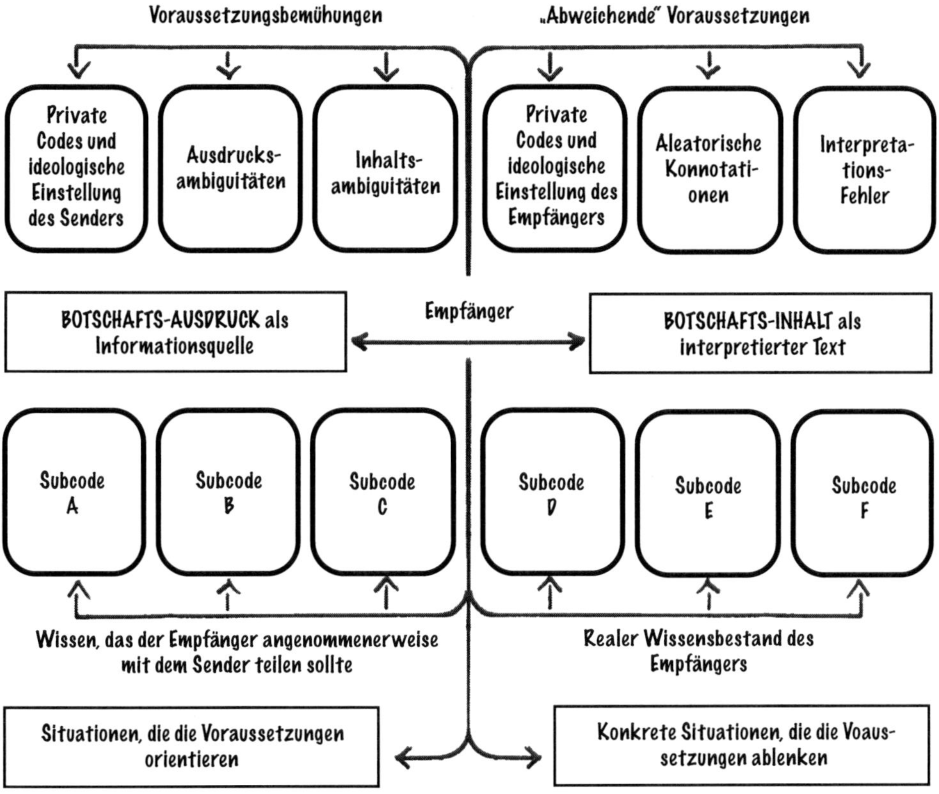

„Wie der Text den Leser vorsieht." (Umberto Eco)

Der Text als „träger Mechanismus"

Im Mittelpunkt steht die Vorstellung des Textes als eines „trägen Mechanismus", der „die Mitarbeit des Lesers als wesentliche Bedingung seiner Aktualisierung postuliert" oder, genauer noch: Der Text ist ein Produkt, *„dessen Interpretation Bestandteil des eigentlichen Mechanismus seiner Erzeugung sein muß"*. Texte sind „mit Leerstellen durchsetzt, mit Zwischenräumen, die ausgefüllt werden müssen; und wer den Text sendet, geht davon aus, daß jene auch ausgefüllt werden." Die hierzu nötige „textuelle Mitarbeit" besteht in den „aktiven und bewußt kooperativen Schritten des Lesers." Dabei ergibt sich das Problem, dass die *„Kompetenz des Empfängers [...] nicht notwendigerweise die des Senders"* ist, der Sender also nicht davon ausgehen kann, dass der Empfänger mit ihm dasselbe Wissen (dieselben Subcodes) teilt, weshalb die konkrete Situation der Aktualisierung eines Textes droht, etwa durch die „ideologische Einstellung des Empfängers" oder durch „Interpretationsfehler", von der intendierten Botschaft abzuweichen (vgl. das obige Diagramm).

Modell-Leser und Modell-Autor

Einen „Text hervorbringen, bedeutet, eine Strategie zu verfolgen, in der die vorhergesehenen Züge eines Anderen miteinbezogen werden – wie ohnehin in jeder Strategie." Dieser Andere ist dabei nicht der „empirische Leser" (die Personen, die den Text real lesen werden), sondern einer vom „empirischen Autor" im und durch den Text selbst – als Bestandteil der Textstrategie – entworfene „Modell-Leser" (der z.B. alle Anspielungen im Text versteht). Auf der Gegenseite unterscheidet Eco zwischen dem „empirischen Autor" und dem „Modell-Autor", der vom „empirischen Leser" durch Hypothesenbildung rekonstruiert wird und sich z.B. textuell als „ein wiedererkennbarer Stil manifestiert". Hier klingt die an Pareyson entwickelte Vorstellung des Kunstwerks als „stilgewordener Künstler" nach.

Offene und geschlossene Texte

Geschlossene Texte sind solche, die eine strenge Kontrolle über ihre möglichen Interpretationen ausüben. In ihnen wird die im vorhergehenden Diagramm dargestellte grundlegende Spannung zwischen intendierter und abweichender Lesart als Bedrohung verstanden, die möglichst minimiert werden muss. Der Text wird strategisch so konstruiert, dass „jeder Begriff, jede Redensart und jeglicher enzyklopädischer Bezug so beschaffen ist, daß ihn der Leser auch verstehen kann" – man denke etwa an Werbetexte. Natürlich kann man solche Texte auch anders lesen, es handelt sich dann aber um einen (gewaltsamen) Gebrauch von Texten, den Eco streng von der Interpretation unterscheidet. Offene Texte hingegen sind solche, bei denen „der Autor allen Nutzen" aus der dargestellten Spannung „zu ziehen weiß": „Er ließt sie als Modell einer unabwendbaren pragmatischen Situation. Er setzt sie als regulative Hypothese der eigenen Strategie voraus. Er entscheidet [...], bis zu welchem Punkt er die Mitarbeit des Lesers kontrollieren muß, wo diese ausgelöst, wo sie gelenkt wird und wo sie sich in ein freies Abenteuer der Interpretation verwandeln muß." Doch auch wenn die dadurch erzeugten interpretativen Freiräume unendlich viele Interpretationen ermöglichen, dürfen sie sich „nicht gegenseitig ausschließen, sondern einander bedingen." Doch auf welcher Grundlage lässt sich zwischen Interpretation und Gebrauch unterscheiden? Welche Instanz legt die Grenzen der Interpretation fest, damit sie nicht in eine Benutzung des Textes kippt?

Drei Intentionstypen

Um auf diese Fragen zu antworten, unterscheidet Eco zwischen drei Intentionstypen: der „Interpretation als Suche nach der *intentio auctoris* [Intention des Autors], Interpretation als Suche nach der *intentio operis* [Intention des Werkes] und Interpretation als Aufzwingen der *intentio lectoris* [Intention des Lesers]." Richtet man die Interpretation auf die Intention der Autor*innen, droht man, den Text auf diese zu reduzieren – man denke an die klassische Frage danach, was uns der/die Autor*in eigentlich sagen wollte. Bestimmte, durch die Struktur des Textes mögliche, von den empirischen Autor*innen aber nicht vorgesehene Deutungen werden dadurch ausgeklammert und es findet eine Reduktion des Interpretationsspielraums statt. Richtet sich die Interpretation nach der Intention der Leser*innen, kann in den Text etwas hineingelesen werden, was sich nicht aus dem Text als Interpretationsmöglichkeit ergibt (Gebrauch). Die Intention des Werkes als Leitfaden für die Interpretation anzunehmen, bedeutet, nur diejenigen Deutungen zuzulassen, die vom Text selber ermöglicht werden. Der Text weist somit eine Autonomie gegenüber dem „empirischen Autor" auf. Diese Autonomie trifft allerdings nicht den „Modell-Autor", da dieser als (angenommene) Textstrategie Teil des Textes ist und u.a. die Funktion hat, eine (hypothetische) Einheit des Textes und dessen unendlichen Interpretationsmöglichkeiten zu garantieren.

Die Intention des Textes und die „interpretatorische Wette"

Eco fasst die *intentio operis* folgendermaßen zusammen: „Die Initiative des Lesers besteht im Aufstellen einer Vermutung über die *intentio operis*. Diese Vermutung muß vom Komplex des Textes als einem organischen Ganzen bestätigt werden. Das heißt nicht, daß man zu einem Text nur eine einzige Vermutung aufstellen kann. Im Prinzip gibt es unendlich viele. Zuletzt aber müssen diese Vermutungen sich an der Kongruenz des Textes bewähren, und die Textkongruenz wird zwangsläufig bestimmte voreilige Vermutungen als falsch verwerfen." Peirces Zeichenmodell lässt sich ebenfalls auf größere Sinneinheiten, wie der Text eine ist, anwenden. Die Bestimmung des Zeichens als etwas, „durch dessen Kenntnis wir mehr erfahren", lässt sich auf den Akt der Interpretation anwenden. Die Interpretationen eines Textes sind Teil der unbegrenzten Semiose, sie funktionieren nach dem Modell der Abduktion, da sie auf einer „interpretativen Wette" beruhen: Jede Interpretation eines Textes stellt Hypothesen über dessen *topic* (dessen Thema) auf, greift dabei auf ein *frame* bzw. eine „*Szenographie*" (meistens stereotype Situationen) zurück, um Aussagen zu deuten, muss aber am Text (der *intentio operis*) überprüft werden, um dann ggf. angepasst, vertieft oder erweitert zu werden.

„Inferentielle Spaziergänge"

Die Hypothesen über den *topic* bestimmen auch, welche Bereiche unserer Enzyklopädie für die Interpretation aktualisiert werden. *Topic* und *frame* wiederum lenken die Schlussfolgerungen, die wir beim Lesen erstellen, indem wir vorauszusehen versuchen, wie sich die Handlung entwickeln wird (beim Krimi etwa der Versuch, zu erraten, wer der Mörder sein könnte). Die Leser*innen verlassen sozusagen den Text, um „*inferentielle Spaziergänge*" anzutreten, wodurch „sich der Leser der Tyrannei des Textes oder seiner Faszinationskraft entzieht, um mögliche Ausgänge in dem Repertoire des schon Gesagten zu finden." Die Leser*innen kehren nach dem Spaziergang zum Text zurück, um die eigenen Schlussfolgerungen zu überprüfen. Wichtig im Sinne der Interpretation (im Gegensatz zum Gebrauch) ist, dass der „Spaziergang prinzipiell vom Text geleitet und bestimmt wird". Texte können dabei gezielt die „inferentiellen Spaziergänge" in eine bestimmte Richtung lenken, um die daraus entstandenen Erwartungen zu unterwandern (trotz aller Indizien war der Butler doch nicht der Mörder).

Naive und kritische Leser*innen

Ein/e Modell-Leser*in kann ein/e semantische oder ein/e kritische Leser*in sein: „Die semantische oder semiotische Interpretation ist Resultat des Prozesses, durch den der Adressat, angesichts der linearen Manifestation des Textes, diesen mit Sinn erfüllt. Die kritische oder semiotische Interpretation hingegen ist diejenige, mittels derer man zu erklären versucht, aufgrund welcher Strukturmerkmale der Text diese (oder andere) semantischen Interpretationen hervorbringen kann." Eco führt diesen Unterschied anhand von Agatha Christies Krimi *The murder of Roger Ackroyd* aus: Der Erzähler stellt sich am Ende als der Mörder heraus, die Erzählung ist allerdings so konstruiert, dass die Leser*innen bis zum Schluss beim Versuch, den Text mit Sinn zu erfüllen, etwa indem sie von den darin enthaltenen Hinweisen inferentielle Spaziergänge unternehmen, auf eine falsche Fährte gelockt werden. Am Ende fordert der Erzähler die Leser*innen auf, „seinen Text nochmals durchzulesen, um zu enthüllen, daß er sein Verbrechen eigentlich nicht verborgen, sondern der naive Leser nur nicht auf seine Worte geachtet hatte". Bei dieser Re-Lektüre betritt ein/e kritische Leser*in die Bühne, die die Geschicklichkeit bewundern kann, „mit der der Text den naiven Leser in die Irre führte".

Der wörtliche Sinn als Grenze und das Prinzip der Falsifizierung

Eco verbindet die Forderung, dass *„jede Interpretationshypothese [...] jederzeit erneut überprüfbar"* sein muss, mit Karl Poppers (1902–1994) Falsifizierungsprinzip: Eine Interpretation, ähnlich wie eine Hypothese, ist immer nur provisorisch gültig, solange sie durch die Überprüfung am Text und im Austausch mit der Gemeinschaft der Interpretierenden bestätigt wird. Sobald der Text die Interpretation nicht mehr stützt, muss sie revidiert werden. Die *intentio operis* ist somit nicht nur der Ausgangspunkt für unsere Interpretationen (die letztlich auf die Forderungen des Textes antworten, interpretiert zu werden), sondern markiert zugleich die Grenze der Interpretationen. Auch wenn es nicht möglich ist, zwischen verschiedenen zulässigen Interpretationen die einzig richtige zu bestimmen, so ist es ausgehend vom Text durchaus möglich, falsche Interpretationen auszuschließen. Eco bezeichnet den wörtlichen Sinn eines Textes als diejenige Ebene, über die sich die Leser*innen einig sein müssen, auch wenn ihre davon angeregten Interpretationen sich dann gegenseitig ausschließen sollten: „So können die Möglichkeiten, *Finnegans Wake* zu interpretieren, wohl niemals ausgeschöpft werden, aber selbst der wagemutigste Dekonstruktionist könnte nicht behaupten, es handele sich dabei um die Geschichte einer russischen Gräfin, die sich umbringt, indem sie sich vor einen Zug wirft." Es gibt demnach einen „Referenzpunkt", eine „intersubjektiv verifizierbare Tatsache".

Exkurs: Postmoderne

Die Postmoderne ist eine Strömung, die sich ab den 70er Jahren in der Architektur, der Kunst und Literatur(theorie) sowie in der Philosophie entwickelt. Sie kennzeichnet sich durch ein spielerisches und ironisches Verhältnis zur Tradition, die als Zitat in Bauten, Kunstwerke und literarische Texte aufgenommen und in den Werken selbst reflektiert wird. In der Philosophie prägte Jean-François Lyotard (1924–1998, siehe links) das Verständnis der Postmoderne als „Ende der großen Erzählungen" (etwa der marxistischen Geschichtsphilosophie, die den Anspruch hegte, den regelhaften Verlauf der Weltgeschichte erkannt zu haben) und als damit einhergehende Emanzipation und Pluralisierung vieler kleiner, lokaler Erzählungen. Gianni Vattimo vertritt eine an Nietzsche, Heidegger und Pareyson angelehnte Version der Postmoderne, die davon ausgeht, dass es keine Tatsachen, sondern nur Interpretationen gibt. Jacques Derrida entwirft mit dem Dekonstruktivismus eine Theorie des Textes, nach der dieser aus einer unendlichen Verweisstruktur auf der Ebene der Signifikanten bestehe, ohne auf ein endgültiges Signifikat zu verweisen. Eco kritisiert diejenigen Versionen des Dekonstruktivismus, die davon ausgehen, dass Texte beliebig interpretierbar seien. Ebenso distanziert er sich von Vattimos Theorie der Postmoderne, da sie die Hermeneutik absolut setzt.

Die Frage nach dem Ursprung der Semiose

Im ersten Kapitel seines 1997 erschienenen Buches *Kant und das Schnabeltier* sucht Eco nach dem Ursprung der Semiose in einer präsemiotischen Sphäre: „Was ist jenes Etwas, das uns veranlaßt, Zeichen hervorzubringen?" Um darauf zu antworten, führt er die „primäre *Indexikalität*" ein, die noch vor dem Erkennen als Typus der Zeichenerzeugung anzusiedeln ist. In der „primären Indexikalität" fallen ein aktives und ein passives Moment zusammen, da wir auf der einen Seite „aus der dichten Materie der uns bombardierenden Empfindungen plötzlich etwas auswählen, es vom allgemeinen Hintergrund abheben und beschließen, darüber zu sprechen", auf der anderen Seite es „nicht der primäre Akt der Aufmerksamkeit" ist, „der das Etwas definiert; es ist das Etwas, das die Aufmerksamkeit weckt, und sogar die nur bereitliegende Aufmerksamkeit ist bereits Teil dieses Etwas (und Zeugnis für es)." Dieses „Etwas" fordert uns auf, auf es zu reagieren (passives Moment), indem wir bestimmte Aspekte auswählen (aktives Moment). Es muss demnach etwas geben, das auf uns wirkt, wenn wir auf es aufmerksam werden und andere darauf aufmerksam machen.

Der Aufforderungscharakter des dynamischen Objekts

Dieses „Etwas" kann – in der philosophischen Tradition – als das Sein bezeichnet werden, oder mit Peirce als das „dynamische Objekt", verstanden als „das, was uns dazu veranlaßt, Semiose zu erzeugen. Wir erzeugen Zeichen, weil etwas da ist, was danach verlangt, gesagt zu werden. Recht unphilosophisch, aber anschaulich könnte man sagen, das dynamische Objekt sei ‚Etwas-das-uns-mit-Fußtritten-traktiert' und zu uns sagt, ‚sprich!' oder ‚sprich über mich!' oder auch ‚nimm mich zur Kenntnis!'" Das dynamische Objekt weist eine Struktur auf, die mit James J. Gibson (1904–1979) als Affordanz bezeichnet werden kann: „jene Eigenschaften also, die ein Objekt aufweist und aufgrund derer es besser auf die eine als auf die andere Weise verwendet wird". Man kann aber auch von einer Art Aufforderungscharakter der Dinge sprechen, da sie uns zu einer bestimmten Interaktion mit ihnen sozusagen auffordern. Eco bringt das Beispiel eines Schraubenziehers, dessen Form und materielle Eigenschaften es uns ermöglichen, ihn über seine „eigentliche" Funktion hinaus (Schrauben drehen) vielfältig zu verwenden – etwa um Pakete zu öffnen oder Löcher in einen Käse (oder in den Kopf einer Person) zu schlagen –, während dieselbe Form und dieselben materiellen Eigenschaften uns davon abhalten (sollten), ihn zum Reinigen der Ohren oder als Trinkgefäß zu verwenden.

Das Sein als Magma und Kontinuum

Ähnlich wie der konkrete „Schraubenzieher“ besitzt das Sein als solches einen Aufforderungscharakter. Das Sein wird dabei, auf einer tieferliegenden Ebene, als eine „gestaltlose Masse“ und als „*Kontinuum*“ verstanden, „das alles Erfahrbare, Sagbare und überhaupt Denkbare umfasst – wenn man so will, der unbeschränkte Horizont all dessen, was ist, was war und was sein wird aus Notwendigkeit und aus Kontingenz.“ Dieses „Magma des Kontinuums“ weist allerdings „Resistenzlinien“ auf. Um diese Eigenschaft zu erläutern, greift Eco auf Hjelmslevs Theorie der Zeichenfunktion zurück. Für Hjelmslev stellen Zeichen eine Verbindung von Ausdruck und Inhalt dar. Wenn man verschiedene Sprachen vergleicht, sieht man allerdings, dass die Inhalte nicht deckungsgleich sind: Während die deutsche Sprache die Unterteilung in /Baum/, /Holz/ und /Wald/ kennt und diese sich weitestgehend (wenn auch nicht exakt) mit der französischen in /arbre/, /bois/ und /forêt/ deckt, unterscheidet die dänische Sprachen nur zwischen /træ/ und /skov/. Der Inhalt, so Eco, wird von „unterschiedlichen Sprachen und Kulturen unterschiedlich ausgeschnitten“. Das, woraus die Inhalte ausgeschnitten werden und was demnach durch unterschiedliche Sprachen unterschiedlich gegliedert wird, ist eben das Sein als Kontinuum, als „gestaltlose Masse“.

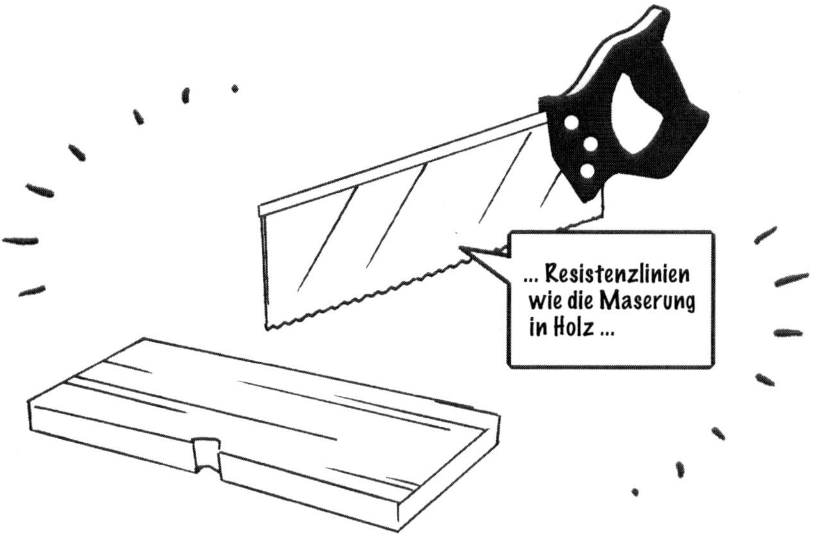

Der „*harte Sockel des Seins*“

Eco richtet den Fokus darauf, „dass Hjelmslev dieses Kontinuum auf Dänisch *mening* genannt hat“, was mit „Sinn“ übersetzt wird, allerdings nicht als „Bedeutung“ verstanden, sondern als „Richtung“, „in ebenjenem Sinn, wie es im Straßenverkehr Gebote und Verbote der Fahrtrichtung gibt“: „Es ist so, als gäbe es im Magma des Kontinuums Resistenzlinien und Möglichkeiten zu fließen, so wie die Maserung in Holz oder Marmor, die das Zerschneiden in eine Richtung leichter macht als in der anderen.“ Und so, wie die „Resistenzlinien“ eine bestimmte Gliederung eher begünstigen, verwehren sie andere: Es gibt „einen *harten Sockel des Seins*, der so beschaffen ist, daß einiges, was wir über ihn sagen, nicht als richtig aufgefaßt werden kann und soll“. Die am Modell des Textes erarbeitete *intentio operis* als Verbindung von Ausgangspunkt und Grenze der Interpretation wird auf die Interpretation des Seins übertragen: „Es gibt Momente, in denen die Welt in Anbetracht von Interpretationen NEIN sagt.“ Eco bezeichnet diese Position als „Negativen Realismus“.

Die Begrenzung der Interpretation als Voraussetzung für die Hermeneutik

Die „hermetische Abdrift" der Dekonstruktivisten versteht das Zeichen nicht als etwas, „durch dessen Kenntnis wir mehr erfahren", sondern „durch dessen Kenntnis wir etwas *anderes* erfahren". Auf diese Weise entfernt sie sich mehr und mehr vom Text, weil sie den „*harten Sockel des Seins*" bzw. des Textes verkennt, weshalb (paranoiderweise) alles alles bedeuten kann. Eine ähnliche Gefahr läuft die Verabsolutierung der Hermeneutik, wie Eco sie Vattimo vorwirft, indem sie die „Gesten der Zurückweisung" verkennt, durch die sich das Sein unserer Interpretation widersetzt. Dieser Widerstand des Seins gegenüber unseren Interpretationen ist nach Eco allerdings die eigentliche Voraussetzung der Hermeneutik, da sonst die Rede über das Sein beliebig wäre: „Das ständige Befragen erscheint einem gerade deshalb als vernünftig und menschlich, weil man annimmt, daß es eine Grenze gibt." Interpretationen wiederum stiften eine intersubjektive Dimension und somit eine Gemeinschaft von Interpretierenden, die sich – ähnlich wie die kritischen Leser*innen – nicht nur über ihre Interpretationen austauschen, sondern auch darüber, wie sie zu diesen Interpretationen gekommen sind, wie ihre Kultur das Kontinuum unterschiedlich gliedert, welchen „Resistenzlinien" sie begegnen und worauf sie sich einigen können, um unterschiedliche Interpretationen zu ermöglichen.

Die Kunst und das Sein

Der Vergleich der „Resistenzlinien" mit der „Maserung in Holz oder Marmor, die das Zerschneiden in eine Richtung leichter macht als in der anderen", erinnert an Ecos frühe Überlegungen zur Herstellung von Kunstwerken als Auseinandersetzung mit den Anforderungen der Materie, wie sie z.B. Michelangelo (siehe oben) angesichts der Arbeit mit dem Marmor beschreibt. Die Interpretationen des Seins, eines Kunstwerks oder der Materie (des künftigen Kunstwerks) weisen eine grundlegende Ähnlichkeit auf: „Sobald es vor uns steht, erzeugt das Sein Interpretationen; sobald wir über es sprechen können, ist es bereits interpretiert. Andere Möglichkeiten gibt es nicht." Das Sein „zeigt" sich uns nur in seinen Interpretationen und verschwindet durch sie, so wie „man ein dynamisches Objekt nur vermittels eines Unmittelbaren Objekts zu erkennen vermag: Wenn die Interpretation fertig ist, ist das dynamische Objekt nicht mehr *da* (und von der Interpretation gab es nur eine Liste von Repräsentanima)." In dieser Hinsicht teilen das Sein und das Kunstwerk dasselbe Schicksal.

Für eine Pädagogik der ästhetischen Erfahrung

„Was offenbaren uns die Dichter? Sie *sagen* uns nicht das Sein, sie ahmen es nur nach: *ars imitatur naturam in sua operatione*. Die Dichter machen sich die wesenhafte Vieldeutigkeit der Sprache zur eigenen Angelegenheit, und sie versuchen, sie zu nutzen, um daraus weniger einen Überschuß an Sein als einen *Überschuß an Interpretationen* zu gewinnen. Die wesenhafte Vieldeutigkeit des Seins macht es uns gewöhnlich schwer, dem Formlosen Form zu geben. Der Dichter jedoch ahmt das Sein nach, indem er dessen Zähigkeit nachvollzieht, er versucht, das ursprünglich Formlose wiederherzustellen, damit wir uns erneut mit dem Sein auseinandersetzen." Das, was die Kunstwerke am Sein nachahmen, ist genau die Dialektik zwischen Aufforderung und Widerstand, deren Äquivalent im Kunstwerk diejenige zwischen Offenheit und Form ist. Die ästhetische Erfahrung ist analog zur Erfahrung des Seins, nur dass jene uns im Vollzug bewusst wird, während diese uns i.d.R. unbewusst bleibt: Eine Pädagogik der Kunst könnte darin bestehen, uns daran zu erinnern, dass auch die Art, wie wir in der Welt sind, durch Interpretations- und Aushandlungsprozesse gekennzeichnet ist bzw. Kultur als sedimentiertes Reservoir solcher Interpretations- und Aushandlungsprozesse verstanden werden kann. Nur weil sie gegeben ist, ist sie nicht natürlich.

„Liebe zu den Dingen" und pädagogische Einstellung

Was der italienische Literaturtheoretiker Alberto Asor Rosa (1933–2022) bereits 1964 bezüglich Ecos Kritik der Kulturpolitik der Kommunistischen Partei Italiens schreibt, lässt sich rückblickend auf Ecos gesamtes Werk und sein öffentliches Wirken übertragen: Eco ist ein Intellektueller, „der immer von einem intelligenten, positiven Geist und einer außerordentlichen Liebe zu den Dingen erfüllt ist, erstens, weil die Dinge Dinge sind, somit existieren und deshalb einen Diskurs zulassen können, dem Metaphysik fremd ist, zweitens, weil es, wenn es ein Ding gibt, auch die Möglichkeit gibt, es zu verändern und zu verbessern – eine Aufgabe, die mangels einer besseren nicht zu verachten ist." Diese „Liebe zu den Dingen", zu den kulturellen Phänomenen, die unsere Welt *sind*, geht, wie anhand der ästhetischen Erfahrung bereits gezeigt wurde, mit einer pädagogischen Einstellung einher, in der die Analyse der Phänomene mit der Vermittlung der Analyseinstrumente und -methoden zusammengeht. Die „semiotische Brille" lässt uns nicht nur etwas auf eine gewisse Art und Weise sehen, sondern zeigt uns auch, nach welchen Regeln dieses Sehen funktioniert: Eine solche Brille ist kein neutrales Medium, sondern ein Werkzeug, das aus uns (ideologie-)kritische Leser*innen macht.

Humor, Parodie, Ironie

Diese pädagogische Einstellung geht wiederum mit einem ausgeprägten Sinn für Humor, Parodie und Ironie einher. Eine Gemeinsamkeit zwischen Ecos wissenschaftlichen Abhandlungen und seinen für ein breiteres Publikum verfassten Essays besteht u.a. in der Auswahl einprägsamer und humorvoller Beispiele, um theoretische Zusammenhänge zu veranschaulichen. In den gesellschafts- und ideologiekritischen Texten kommt zudem das parodistische Moment stärker zum Tragen. Die Parodie „darf sich nie vor Übertreibungen scheuen. Wenn sie ins Schwarze trifft, nimmt sie nur lachend vorweg, was andere später ohne zu lachen – und ohne rot zu werden – mit unbeirrbarer gravitätischer Sturheit tun. Anders gesagt, es ist eine der edelsten Aufgaben des nicht so ganz Ernsthaften, einen Schatten von Verdacht auf die allzu ernsthaft betriebenen Dinge zu werfen." In seinen Romanen sind Humor, Parodie und Ironie wiederum eng miteinander verwoben, insbesondere in den intertextuellen Verweisen, den Zitaten, der Lust am Erzählen und dem Spiel mit den Regeln der literarischen Gattungen (in diesem Sinne kann Eco als postmoderner Autor bezeichnet werden).

Die Romane – ein Ausblick

Ihre spielerische Dimension lässt sie als intellektuelle Kriminal- und Abenteuerromane genießen, zugleich finden sich in ihren Handlungen Elemente und Grundfragen von Ecos semiotischer Theorie und seinen kultur- und medientheoretischen Überlegungen eingewoben. Die Gefahr der „hermetischen Abdrift" und die Konstruktion von Verschwörungstheorien, die Funktionsweisen unseres enzyklopädischen Wissens, die manipulativen Techniken der Medien, die historischen Debatten über die Natur der Zeichen, die Gefahren extremistischer Ideologien, die das Lachen als Bedrohung wahrnehmen und dessen (Gegen-)Macht schwächen wollen – diese sind nur einige der Themen, die in seinen fiktionalen Texten behandelt werden. Doch machen sie dies nicht, indem sie „eine bestimmte These beweisen oder eine Antwort auf ein spezifisches Problem geben" wollen, sondern indem „sie eine Reihe von Widersprüchen in Szene setzen, um sie deutlich und brennend zu machen": Die Romane „fordern ihre Leser auf, nach einer Lösung zu suchen."

Glossar

Affordanz
Aufforderungscharakter eines Gegenstandes, der uns zu bestimmten Interaktionen einlädt oder andere ausschließt.

Apokalyptiker vs. Integrierte
Eco führt diese Unterscheidung in seiner 1964 erschienenen gleichnamigen Studie ein. Die Apokalyptiker kritisieren die Massenkultur aus einer elitären und kulturpessimistischen Perspektive. Sie sehen die Massenmedien und die industrielle Produktion von Kultur als Bedrohung für traditionelle kulturelle Werte. Die Integrierten nehmen die Massenkultur affirmativ auf und sehen sie (einseitig) als positiven Fortschritt. Sie betrachten die Massenmedien als Möglichkeit, kulturelle Werte zu verbreiten und die Gesellschaft zu modernisieren, ohne sich allerdings kritisch mit deren Auswirkungen auseinanderzusetzen. Eco positioniert sich zwischen diesen beiden Extremen. Er plädiert für eine nüchterne Analyse der Massenkultur, die weder verteufelt noch unkritisch betrachtet wird. Sein Ziel ist es, die Struktur und Funktionsweise der Medien zu verstehen, um sie für Bildungs- und emanzipatorische Zwecke zu nutzen.

Avantgarde
Die Avantgarde umfasst künstlerische Bewegungen zwischen 1900 und 1930, die bewusst mit etablierten Regeln und Normen brechen, um neue Ausdrucksformen zu schaffen und die Idee von Kunst radikal zu hinterfragen. Sie strebt oft eine Auflösung der Grenze zwischen Kunst und Leben an und verbindet gelegentlich künstlerischen mit politischem Aktivismus. Nach Renato Poggioli kennzeichnen folgende Merkmale die Strömungen der Avantgarde: „*Aktivismus*", „*Antagonismus*", „*Nihilismus*", „*Kult der Jugendlichkeit*", „*Ludizität*", „*Revoluzzertum und Terrorismus* (im kulturellen Sinn)", „*Selbstpropaganda*" und „*Vorrang der Poetik vor dem Werk.*"

Code
Eco definiert den Code als ein kulturelles Regelwerk, das die Korrelation zwischen Ausdrucks- und Inhaltselementen festlegt. Der Code organisiert keine Zeichen direkt, sondern stellt Regeln bereit, die es ermöglichen, Zeichen im kommunikativen Verkehr zu erzeugen. Ein Code ist dynamisch und unterliegt Veränderungen, da die Korrelationen zwischen Ausdruck und Inhalt nicht starr sind, sondern sich je nach kulturellem Kontext und Nutzung weiterentwickeln können. Die Kenntnis eines Codes entspricht daher der Kompetenz, Zeichen zu erzeugen und zu interpretieren.

Deduktion, Induktion, Abduktion
Deduktion, Induktion und Abduktion sind drei verschiedene Formen der Schlussfolgerung. „Im Fall der logischen Deduktion besteht eine Regel, aus der ich, wenn ein Fall gegeben ist, ein Resultat ableite: *Alle Bohnen aus diesem Sack sind weiß – Diese Bohnen stammen aus diesem Sack – Diese Bohnen sind weiß*. Im Fall der Induktion leite ich, wenn ein Fall und ein Resultat gegeben sind, eine Regel ab: *Diese Bohnen stammen aus diesem Sack – Diese Bohnen sind weiß – Alle Bohnen aus diesem Sack sind (wahrscheinlich) weiß*. Im Fall der Hypothese oder Abduktion wird von einer Regel und einem Resultat auf einen Fall geschlossen: *Alle Bohnen aus diesem Sack sind weiß – Diese Bohnen sind weiß – Diese Bohnen stammen (wahrscheinlich) aus diesem Sack*." (Volli)

Enzyklopädie vs. Wörterbuch
Das enzyklopädische Modell beschreibt die Gesamtheit des kulturellen Wissens, das dynamisch, kontextabhängig und flexibel ist. Die Bedeutung eines Begriffs wird nicht isoliert betrachtet, sondern in Relation zu seinem Kontext und den vielfältigen kulturellen Verknüpfungen. Es steht im Gegensatz zum starren Wörterbuch-Modell, das Bedeutungen durch eine begrenzte Anzahl von festen Konzepten definiert und letztlich an der Komplexität der Wirklichkeit vorbeigeht und die Kenntnisse über die Welt nicht berücksichtigt. Die Enzyklopädie dagegen ist wie ein Rhizom aufgebaut, bei dem jeder Punkt mit jedem anderen verbunden werden kann. Daraus folgt, dass das kulturelle Wissen nicht linear oder hierarchisch, sondern vernetzt und dynamisch organisiert ist.

„Epistemologische Metapher"
Umberto Eco definiert die Beziehung zwischen Kunst und Wirklichkeit als eine „epistemologische Metapher". Das bedeutet, dass Kunstwerke nicht die Wirklichkeit direkt abbilden, sondern Modelle schaffen, die uns etwas über die historisch bedingten Interpretationen der Wirklichkeit sagen. Die Struktur der Kunstwerke spiegelt die Art und Weise wider, wie die Kultur einer bestimmten Epoche die Realität wahrnimmt.

Formativität
Formativität bezeichnet nach Luigi Pareyson die grundlegende menschliche Tätigkeit des „Formens", bei der nicht nur bestehende Regeln umgesetzt werden, sondern diese im Prozess des Schaffens erst selbst entstehen. In der Kunst wird Formativität in ihrer reinsten Form realisiert, da sie dort als Selbstzweck durchgeführt wird, ohne sekundäre Ziele zu verfolgen. Der Prozess des Formens ist dabei eng mit der Interpretation verbunden: Künstler*innen müssen die Materie, mit der sie arbeiten, interpretieren, um sie zu gestalten.

Gruppe 63
Die Gruppe 63 war eine italienische Neoavantgardebewegung, die 1963 gegründet wurde und sich aus Schriftsteller*innen, Künstler*innen und Kritiker*innen zusammensetzte. Sie orientierte sich an experimenteller Kunst und Literatur der klassischen Avantgarden und setzte sich mit der Sprachkrise sowie der Beziehung zwischen Sprache und Wirklichkeit auseinander. Die Gruppe führte gemeinsame Treffen durch, bei denen Mitglieder ihre Werke vorstellten und kritisierten. Trotz ihrer Heterogenität teilten sie eine anti-idealistische Haltung und eine Öffnung zur europäischen Kultur. Die Gruppe löste sich 1969 auf.

Hermeneutik
Hermeneutik ist die Theorie und Praxis der Interpretation. Der Begriff stammt vom griechischen Wort „hermeneía" ab, das „Auslegung" oder „Übersetzung" bedeutet. Ursprünglich spielte Hermeneutik eine zentrale Rolle in der Theologie (Auslegung heiliger Schriften) und der Rechtswissenschaft (Interpretation von Gesetzestexten), um später bei der Interpretation historischer Quellen und literarischer Texte eingesetzt zu werden. In einigen philosophischen Strömungen des 20. Jhd. (insb. bei Heidegger, Gadamer und Vattimo) erhält die Hermeneutik eine zentrale Bedeutung, indem die grundlegende Beziehung des Menschen zur Welt als Interpretation verstanden wird.

Humor, Parodie, Satire
Satire, Parodie und Humor spielen in Ecos Philosophie eine zentrale Rolle, da sie dazu dienen, dogmatische und allzu ernsthafte Ansichten kritisch zu hinterfragen. Die damit einhergehende Haltung bezieht sich dabei auch auf die eigenen Positionen, denen mit Selbstironie begegnet wird. Durch Übertreibung und Ironie wirft diese Haltung einen Schatten des Verdachts auf scheinbar unumstößliche Wahrheiten und fördert – in einer pädagogischen Absicht – eine reflektierte, ideologiekritische Einstellung.

Hypothese
Nach Ecos interpretativer Semiotik beruht eine Interpretation auf der Hypothesenbildung. Diese wiederum folgt der abduktiven Schlussfolgerung. Insbesondere in kreativen und unsicheren Situationen, sind Hypothesenbildungen wichtig, da sie neue Erklärungen ermöglichen. Aber auch im Alltag finden Hypothesenbildungen statt: „Ein Schüler kleidet sich in einer bestimmten Weise. X ist so gekleidet, also sieht er für mich wie ein Schüler aus. Wenn es regnet, gebraucht man Schirme. Ich sehe jemanden einen geöffneten Schirm tragen, und ich denke, es regnet." (Volli)

Ideologie/Ideologiekritik
Eco versteht Ideologie als ein „organisiertes Weltbild", das sowohl bei den Sender*innen einer Botschaft vorausgesetzt wird als auch (bewusst oder unbewusst) bei den Empfänger*innen eine Rolle spielt, wenn diese eine Botschaft decodieren. Ideologie ist zunächst ein neutraler Begriff, der die Art und Weise beschreibt, wie Menschen die Welt interpretieren und strukturieren. Sie wird problematisch, wenn sie ausblendet, dass sie nur eine Teilinterpretation der Welt ist, sich somit absolut setzt und andere Perspektiven ausschließt. In diesem Fall wird sie zu einem starren System, das die Vielfalt möglicher Interpretationen unterdrückt. Eco sieht eine der Aufgaben der Semiotik darin, die verborgenen Codes und Subcodes aufzudecken, die Ideologien strukturieren. Dadurch wird sichtbar, wie kulturelle Systeme funktionieren und wie sie verändert werden können. Dies ermöglicht eine kritische Auseinandersetzung mit Ideologien und deren Einfluss auf die Wahrnehmung und Interpretation der Welt.

Index, Ikon, Symbol
Laut Peirce beruhen ikonische Zeichen auf Ähnlichkeit (z.B. Piktogramme), indexikalische Zeichen auf natürlichen Verbindungen (z.B. Rauch-Feuer) und symbolische Zeichen auf kulturellen Konventionen der Verbindung von Signifikant und Signifikat: „Ein Symbol ist als ein Zeichen definiert, das zu einem solchen wird kraft der Tatsache, daß es als solches interpretiert wird." (Peirce) Eco kritisiert die vermeintliche Natürlichkeit von Index und Icon und hebt hervor, dass die Zusammenhänge nicht an sich gegeben sind, sondern erst durch kulturelle Lernprozesse hergestellt werden müssen.

Inferenz
Inferenz bezeichnet den Prozess des Schlussfolgerns, bei dem aus vorhandenen Informationen (neue) Erkenntnisse abgeleitet werden. Sie basiert auf der Beziehung zwischen Ereignissen, Regeln und Ergebnissen und kann in drei Formen auftreten: Deduktion, Induktion und Abduktion. In Ecos Semiotik spielt die Inferenz eine zentrale Rolle, da sie die Grundlage für die Interpretation von Zeichen und Texten bildet.

Intellektuelle Funktion
Nach Eco wird eine intellektuelle Funktion ausgeübt, wenn man „mit dem Kopf arbeitet oder mit den Händen denkt" und so „kreativ zum gemeinsamen Wissen und zum kollektiven Wohl beiträgt". Sie zeichnet sich durch Bescheidenheit, Kreativität, Kritik und Parteilichkeit aus. Die kritische Auseinandersetzung mit gesellschaftlichen Entwicklungen geht dabei mit einer selbstreflexiven Haltung einher, die dazu führt, dass die Intellektuellen auch gegen die eigene Partei Partei ergreifen müssen: „Der engagierte Intellektuelle muß vor allem diejenigen in die Krise bringen, an deren Seite er sich engagiert." (Eco)

Intentio auctoris
Die Autor*innenintention (*intentio auctoris*) bezeichnet die Absicht, den Autor*innen mit ihren Werken verfolgen. Sie entspricht der Frage, was die Autor*innen „uns eigentlich sagen wollten". Eco kritisiert eine Interpretation, die sich auf die Autor*innenintention reduziert, da diese die möglichen Bedeutungen des Werkes einschränkt.

Intentio lectoris
Die Leser*innenintention (*intentio lectoris*) bezeichnet das, was die Leser*innen in einen Text hineinlesen. Laut Eco wird die *intentio lectoris* problematisch, wenn sie den Text überlagert und Bedeutungen hineinprojiziert, die nicht durch den Text selbst gestützt werden. In diesem Fall handelt es sich nicht mehr um eine legitime Interpretation, sondern um einen Gebrauch des Textes, der dessen Interpretationsgrenzen missachtet.

Intentio operis
Die *intentio operis* bezeichnet die Intention des Werkes selbst, die eine Autonomie gegenüber der Absicht der jeweiligen Autor*innen (*intentio auctoris*) und der Überinterpretationen der Leser*innen (*intentio lectoris*) besitzt. Sie ist die Bedeutung, die sich aus der Struktur und den Eigenschaften des Textes ergibt und die Grundlage für eine legitime Interpretation bildet. Eco betont, dass die intentio operis als Leitfaden für die Interpretation dient, da sie die Grenzen setzt, innerhalb derer Interpretationen möglich sind, und dadurch eine Vielzahl legitimer Interpretationen ermöglicht. Diese müssen sich am Werk als einem organischen Ganzen bewähren und dürfen nicht willkürlich über dessen Möglichkeiten hinausgehen oder dessen Möglichkeitsfeld reduzieren.

„Negativer Realismus"
Der „negative Realismus" ist eine Position von Umberto Eco, die davon ausgeht, dass das Sein oder die Wirklichkeit Grenzen für Interpretationen setzt. Diese Grenzen zeigen sich in Momenten, in denen die Wirklichkeit bestimmte Interpretationen zurückweist und „Nein" sagt. Eco beschreibt das Sein als ein Kontinuum oder eine „gestaltlose Masse" mit „Resistenzlinien", die bestimmte Interpretationen begünstigen und andere verwehren. Diese Begrenzung der Interpretation ist für Eco die Voraussetzung für eine sinnvolle Hermeneutik, da sie verhindert, dass alles alles bedeuten kann.

Norditalienische Aufklärung
Eco fasst unter dem Begriff der norditalienischen Aufklärung („illuminismo padano") die philosophische Strömung im Nachkriegsitalien, die sich durch eine anti-idealistische Haltung und eine kritische Auseinandersetzung mit Benedetto Croces Neoidealismus auszeichnet. Sie betont die Bedeutung von Rationalität, Wissenschaft und einer säkularen Perspektive und setzt sich für eine pragmatische und aufklärerische Haltung ein.

Offenes Kunstwerk
Das offene Kunstwerk ist nach Eco ein Kunstwerk, das eine Vielzahl von Interpretationen ermöglicht. Es zeichnet sich durch Unbestimmtheit und Mehrdeutigkeit aus, die die aktive Mitarbeit der Rezipient*innen erfordert, um vervollständigt zu werden. Diese Offenheit ist jedoch nicht grenzenlos, da das Kunstwerk durch seine Struktur und Form die Interpretationen lenkt und reguliert (Dialektik zwischen „Treue" und „Freiheit"). Für Eco bildet die Offenheit ein wesentliches Merkmal der modernen Kunst, da diese die Vielfalt möglicher Bedeutungen betont und gleichzeitig die Freiheit und Kreativität der Rezipienten fördert.

Postmoderne
Die Postmoderne ist eine kulturelle, künstlerische und philosophische Strömung, die sich ab den 1970er Jahren entwickelte. Sie zeichnet sich durch ein spielerisches und ironisches Verhältnis zur Tradition aus, indem sie diese zitiert, reflektiert und oft dekonstruiert. Statt universeller Wahrheiten betont die Postmoderne die Pluralität der Weltbeschreibungen. Sie hinterfragt etablierte Normen und setzt auf Vielfalt, Mehrdeutigkeit und Subjektivität. Postmoderne Kunst und Literatur charakterisieren sich durch die bewusste Verwendung von Zitaten, Intertextualität und die Auflösung traditioneller Gattungsgrenzen. Eco distanziert sich von der philosophischen Postmoderne, da er – etwa im Gegensatz zu Gianni Vattimo – nicht die Tatsachen zugunsten der Interpretationen aufgibt. Dennoch lassen sich seine Romane der literarischen Postmoderne zuordnen.

Semiotik
Semiotik ist die Wissenschaft der Zeichen und ihrer Bedeutungen. Sie untersucht, wie Zeichen entstehen, verwendet und interpretiert werden. Es lassen sich zwei Traditionslinien identifizieren: die strukturale Semiotik (ausgehend von de Saussure) und die interpretative Semiotik (ausgehend von Peirce). Eco ist ein Vertreter der interpretativen Semiotik, wobei er in seinem Ansatz versucht, beide Traditionslinien zusammenzudenken. Eco versteht seine semiotische Theorie zudem als Beitrag zu einer allgemeinen Semiotik: „Eine allgemeine Semiotik untersucht die Gesamtheit der menschlichen Signifikationsaktivitäten – d.h. Sprachen. Und Sprachen sind das, was Menschen als solche konstituiert, als semiotische Tiere. Sie untersucht und beschreibt Sprachen durch Sprachen. Indem sie die menschliche Signifikationsaktivität untersucht, beeinflußt sie deren Verlauf. Eine allgemeine Semiotik verändert gerade wegen ihres theoretischen Anspruchs ihr Objekt." (Eco) Eine allgemeine Semiotik ist als Theorie also immer auch eine Form der Praxis.

Signifikat/Signifikant
Signifikant und Signifikat sind zentrale Begriffe in der Semiotik, die die Struktur eines Zeichens beschreiben. Der Signifikant bezeichnet die Ausdrucksseite eines Zeichens, in der Sprache das Lautbild, z. B. das Wort „Baum". Das Signifikat bezeichnet die Inhaltsseite eines Zeichens, also das mentale Konzept oder die Bedeutung, die mit dem Signifikanten verbunden ist (es ist das, was wir uns vorstellen, wenn wir das Wort „Baum" hören). Die Verbindung zwischen Signifikant und Signifikat ist arbiträr, sie beruht auf Konventionen und ist nicht natürlich. Zum Beispiel wird das Konzept „Baum" in anderen Sprachen durch andere Signifikanten wie „tree" (Englisch) oder „albero" (Italienisch) ausgedrückt.

Zeichen
Eco definiert das Zeichen in Anlehnung an Peirce als „etwas, das für jemanden in gewisser Hinsicht für etwas steht" (Peirce). Zeichen entstehen in einem Interpretationsprozess und erzeugen wiederum Interpretationen (unendliche Semiose). Zeichen erschöpfen sich daher nicht in der starren Verbindung zwischen Signifikant und Signifikat, sondern sind immer Teil eines – kulturell geprägten – interpretativen Prozesses, der enzyklopädisches Wissen aktiviert.

Zeichenerzeugung
Ecos Theorie der Zeichenerzeugung untersucht, wie Zeichen entstehen und welche Prozesse dabei ablaufen. Sie basiert auf vier Typen der Erzeugungsarbeit: Erkennen (Wahrnehmung eines Gegenstands als Zeichen), Ostension (Zeigen eines Beispiels oder Musters), Reproduktion (Nachbildung eines bekannten Typus) und Erfindung (Schaffung neuer Zeichen ohne vorherige Konventionen). Dabei spielen Parameter wie die physische Arbeit, das Verhältnis von Typus und Exemplar („*ratio facilis*" und „*ratio difficilis*"), das zu formende Kontinuum und der Gliederungsmodus eine zentrale Rolle. Besonders die Erfindung hebt sich hervor, da sie neue Regeln setzt und kreative Prozesse ermöglicht.

Zitatnachweise

S. 3: „Sich selbst…erscheinen“ (Eco 2021: 3, eigene Übersetzung)
S. 4: „Begonnen habe ich…ansetzt“ (Eco 1986: 21)
S. 5: „Essays und…Alltags“ (Kröber 1994: 297);
„Aufklärungsarbeit“ (Nerlich 2010b: 55);
„semiotische Brille“ (Roselli 2021: 269)
„semiotische Alphabetisierung“ (Paolucci 2017: 96, eigene Übersetzung)
S. 6: „heute…ernten“ (Bobbio 1955, zitiert nach Eco 2007: 55).
S. 7: „intellektuelle Funktion“; „mit…denkt“; „kreativ…beiträgt“; „intellektuelle Arbeit“; „mehr… Händen“; „eigene Rede“ (Eco 2007: 57-59)
„Faßt man…engagiert.“ (Eco 2007: 64)
S. 8: Sprechblase: „Die Untersuchung… erfüllt.“ (Eco 2002: 162)
S. 9: „Als ich…und stimulieren.“ (Eco 1987b: 5)
„Wenn ich…Regeln anzugeben.“ (Eco 1987b: 9)
S. 10: „Ein Text…sollte.“ (Eco 1995: 145)
Sprechblase: „Doch gerade…handelt.“ (Eco 2003: 11f., Zitat geringfügig modifiziert)
S. 12: „kulturelle Klima…Seine…wechseln.“ (Fröhlich 2009: 25);
„norditalienische Aufklärung“ (Eco 1988: 136)
Sprechblase: „Meine kulturelle…Marxismus.“ (Eco, zit. nach Fröhlich 2009: 30f.)
S. 13: „Man denke…können hätte.“ (Eco 2024: CXXXIX)
Sprechblasen: „Es gibt… nur Interpretationen.“ (Vattimo 2000: 76, eigene Übersetzung – das Zitat übernimmt Vattimo aus Nietzsches nachgelassenen Fragmenten); „Das Sein…interpretiert.“ (Eco 2003: 33); „Es gibt…Interpretationen“ (Pareyson, zit. nach Fröhlich 2009: 74); „Sein…Sprache.“ (Gadamer 1990: 478)
S. 14: „Die Ästhetik…sinnlichen Erkenntnis.“ (Baumgarten 1983: 79)
„der die…die Arbeit…Interpretation“ (Ficara 2015: 10)
„Die Hermeneutik…selbst ist.“ (Ficara 2015: 16)
S. 15: „unglaubliche Aussage…Der intuitiv-ausdruckshafte…Blitzes.“ (Eco 2024: XCIf.)
„Desinteresse…machen“; „Jene, die…bestanden.“; „Unwesentlichkeit der Technik“; „der Künstler…sie verbirgt.“ (Eco 2024: XCIIf.)
S. 16: „die darauf…wiederzugeben“ (Eco 1990a: 19, eigene Übersetzung)
„Entweder…nicht möglich.“ (Eco 2024: XCVIIf.)
„Für Pareyson…umwandelt.“ (Eco 2024: XCIV)
S. 17: „im Dialog…der Dinge“ (Eco 1990a: 20, eigene Übersetzung)
Sprechblasen: „Formen bedeutet…erfindet.“ (Pareyson 2024: 63)
Sprechblase: „In kurzer…selbst ist.“ (Pareyson 2024: 64)
S. 18: „Notwendigkeiten der Hindernisse“, „Regeln des Werkes“, „antike…Tradition“, „externe Wirklichkeit…einwirkt“ (Eco 1990a: 14)
„diese Neuigkeit…wurden.“ (Eco 1990a: 15, eigene Übersetzung)
„geduldige…Materie“ (Eco 1990a: 15, eigene Übersetzung)
„formende Tätigkeit“, „interpretierende Tätigkeit“ (Eco 1990a: 18, eigene Übersetzung)
S. 19: „interpretativen Reaktionen“ (Eco 1990a: 31, eigene Übersetzung)
„Gnoseologie der Interpretation“ (Eco 1990a: 21, eigene Übersetzung)
Sprechblase: „Aus der…auch regulieren.“ (Eco 2024: C)
„kontinuierlichen…zu klären.“ (Eco 1990a: 21, eigene Übersetzung)
S. 20: „stilgewordener Künstler“ (Eco 1990a: 28, eigene Übersetzung)
„Doppelcharakter…fait social“ (Adorno 2003a: 340)
„Geschichte…Lesarten“, „Indem…Interpretationsmöglichkeiten.“ (Eco 1990a: 29, eigene Übersetzung)
S. 21: „theoretische Prinzip…Frage, ob…kann.“ (Eco 2024: CI)

„Theorie der…Formen“ (Eco 1990a: eigene Übersetzung).
„rein…Hypothese“ (Eco 1990a, 22, eigene Übersetzung)
Sprechblase: „Beispielsweise wäre…definiert bleibt.“ (Eco 1990a: 22f, eigene Übersetzung)

S. 22: „Erfüllung…Operation“; „Anders gesagt…zu.“ (Eco 1990a: 195, eigene Übersetzung)
„Was passiert…denkt?“ (Eco 1990a: 196, eigene Übersetzung)
„die anfängliche…sucht im…er ihn.“ (Eco 1990a: 196, eigene Übersetzung)
„er den Stein…setzt.“ (Eco 1990a: 196, eigene Übersetzung)

S. 23: „an eine…mussten.“ (Eco 2021: 10, eigene Übersetzung)
„nachzuweisen…von all…hatte.“ (Eco 2021: 11, eigene Übersetzung)
„den Papieren…hatte.“ (Eco 2021: 11, eigene Übersetzung)
„dass seine…war.“ (Eco 2021: 11, eigene Übersetzung)

S. 24: Sprechblasen: „Als die…Wasser.““ (Eco, zit. nach Nerlich 2010a: 51)
„Tugend…gelernt“; „Enthusiasmus…Tugend“; „Der Skeptizismus…glaubt.“ (Eco 2021: 3, eigene Übersetzung)

S. 26: „strikte Trennung…Philosophie“; „die Aufgabe…hatte.“; „ein hohes…auf“ (Eco 2021, eigene Übersetzung)

S. 27: Sprechblase: „Ich bin immer…hat.“ (Eco 2021: 12, eigene Übersetzung)

S. 28: Sprechblase: „Diese Kinder…Industriekultur.“ (Eco 1984: 227)

S. 29: „Der Fehler…übermitteln.“ (Eco 1984: 48)
„Aus jedem…heraus.“ (Adorno 2003b: 26)

S. 31: „Techniker des Ganzen“ (Eco 1990a: 283, eigene Übersetzung)

S. 32: „die unterschiedlichen…zu reflektieren“; „interdisziplinäre Reduktion“ (Eco 1990a: 283f., eigene Übersetzung)
Sprechblase: „Strukturähnlichkeit…aufweisen.“ (Eco 1990a: 284, eigene Übersetzung)
„Das fordert…entscheiden.“ (Eco 1990a: 287, eigene Übersetzung)

S. 33: „lässt…Revision.“ (Eco 2022: 107, eigene Übersetzung)

S. 36: Sprechblase: „Während…müssen.“ (Eco 2000a: 224, eigene Übersetzung)
„Nur aus…erachten.“ (Eco 2000a: 226, eigene Übersetzung)

S. 38: „Aktivismus…Werk.“ (Eco 1988: 133)

S. 39: „innovativ…Traditionen“ (Eco 1988: 131)
„der Wille…werden“ (Eco 1988: 132)
„Wenn Piero Manzoni…Museifizierung.“ (Eco 1988: 134)

S: 40: „Mein Fall…sprechen.“ (Hofmannstahl 2019: 7)
„gänzlichen…entschuldigen.“ (Hofmannstahl 2019: 12)
„Mein Geist zwang mich…umspannen.“ (Hofmannstahl 2019: 13)

S. 41: „Jede Brücke…eingestürzt.“; „der Hauptzweck des Schreibens“;
„Die Sprache…zu offenbaren.“ (Guglielmi 2013: 865, eigene Übersetzung)
„Definition der…sind“, „kritische Mimesis…Schizophrenie“;
„misst sich…Erfindungsgabe.“ (Giuliani 2003: 7, eigene Übersetzung)

S. 42: „Es ist diejenige…Handelns werden.“ (Eco 2019: 281)

S. 43: „Die erste Aussage…uns sagt?“ (Eco 2019: 268)
„Der eigentliche…werden.“ (Eco 2019: 271)

S. 44: „Man verlässt…gebaut werden.“ (Eco 2018: 407, eigene Übersetzung)
„Generation des Vulcanus“; „Generation Neptuns“ (Eco 2018: 392, eigene Übersetzung)
Sprechblase: „Auf die Geste…einzuwirken.“ (Eco 2018: 391, eigene Übersetzung)

S. 45: „keine allgemeine…setzten.“; „James Joyce'…werden.“ (Mersch 2021: 49)
„Als endgültige…zu negieren…“ (Pareyson, zit. nach Eco 2019: 58)

S. 46: Sprechblase: „Die Wissenschaft…offenbaren.“ (Eco 2019: 46)
„ontologisches (was es gibt)“/„metaphysisches…gibt)“/„epistemologisches…gibt)“ (Fedriga 2023: 341)

S. 47: „jede als…anstrebt.“ (Eco 2019: 85)
„systematisch…Offenheit“; „generelle Bedeutungsoffenheit“ (Rebentisch 2017: 29)
„zu ihrem…Programm“ (Eco 2019: 32)
„diagnostisch…Unvollendetheit“ (Rebentisch 2017: 29)
„Der Interpret…am Machen…Produktionsprozesses“ (Rebentisch 2017: 32)
Sprechblase: „Das Phänomen…erzeugen.“ (Eco 2019: 42)

S. 48: „epistemologische Metapher“; „das will…widerspiegelt.“ (Eco 2019: 46)
Sprechblase: „Das geschlossene…Ordnungen.“ (Eco 2019: 46)
„zunehmende…Werk“; „die verschiedenen…wollte.“ (Eco 2019: 32)
„statische[n]…wird.“ (Eco 2019: 34)

S. 49: „Die barocke Form…dynamisch…begriffen wäre.“ (Eco 2019: 35)
„Aufgeben des…der Realität.“ (Eco 2019: 47, Übersetzung angepasst)
„So kommt…erscheinen.“ (Eco 2019: 52f.)

S. 50: „Jede…auflebt.“ (Eco 2019: 30)
„Entgrenzung“/„Erfahrung“/„eher produktionsästhetisch…eher…Kunst ausgeht.“ (Rebentisch 2017: 25f.)
„der Interpret…Improvisation“ (Eco 2019: 27)
„weniger…Auswählen.“ (Eco 2019: 27)

S. 51: „In der…Werk gesetzt.“ (Rebentisch 2017: 26)
„Offenheit zweiten Grades“; „Kontemplation…Ordnung“;
„Die Bedeutung…impliziert.“ (Eco 2019: 148)
Sprechblase: „In jeder…zu machen.“ (Rebentisch 2017: 35)
„Reihe…Krisen“; „Wahlfreiheit“; „Dann instaurieren…Gesamtprozesses.“ (Eco 2019: 149)
„Die Offenheit…Kunstgenuß.“ (Eco 2019: 85)

S. 52: „Das Kunstwerk…Lesarten“ (Pareyson, zit. nach Fröhlich 2009: 75)
„Freiheit“/„Treue“ (Pareyson, zit. nach Fröhlich 2009: 76)
„zu einer…kann.“ (Eco 2019: 178)
„hat sich…durchgesetzt.“ (Reisser/Wolf 2003: 76)
„‚Informell‘…Kommunikation“(Eco 2019: 182)

S. 53: „Es ist…kennzeichnen.“ (Eco 2019: 182)
„ehe es…schon…ist“; „Ergebnis…sind“ (Eco 2019: 180)
„Ein Kunstwerk…Rauschen“ (Eco 2019: 178)
„Die Offenheit…erkennen.“ (Bertram 2000: 116)

S. 54: „der Kommunikation…Zwecken“; „auf…Evidenz“; „keine…zulassen“ (Eco 2019: 169)
„kommunikative…besteht“; „konventionellen Botschaft“;
„den Drang…zu genießen“ (Eco 2019: 185)
„die nicht…Bedeutungen“ (Eco 2019: 169)
„Redundanz der Struktur“ (Eco 2019: 168)
„Umgekehrt…je…verstanden.“ (Eco 2019: 168)
„die Anzahl…die Alternative…zeigen.“ (Eco 2019: 98)
Sprechblase: „Die Information…Botschaft.“ (Eco 2019: 98)

S. 55: „Produkte…Arbeit“; „Machen…Mängel.“ (Marx 1962: 197)
„Der Verfremdungscharakter…wiederzuerkennen.“ (Eco 2002: 164)

S. 56: Alle Zitate aus Jakobson 1979: 88-94.

S. 57: „Gefühl der Merkwürdigkeit“ (Eco 2002: 164)
„Aber eine Botschaft…ist.“ (Eco 2002: 147)
„erneute Betrachtung…das Dargestellte…den Code“ (Eco 2002: 164)
Sprechblase: „Die Offenheit…Menschen.“ (Bertram 2000: 110)
„delikate[] Gleichgewicht…die Grenze…Möglichkeitsfeld“ (Eco 2019: 175)

S. 58: „Die Untersuchung…erfüllt.“ (Eco 2002: 162)

„Das Modell…lassen." (Eco 2019: 15)
„Struktur…Lesarten"; „reine signifikante…Interpretationen" (Eco 2019: 16)
S. 59: „Das Interesse…bringt" (Lorusso 2008: 22f., eigene Übersetzung)
S: 60: „Form der…sozialer Praxis" (Eco 1987a: 398)
„Limitierungsthese" (Schalk 2021: 117)
S. 61: „Semeion…Zeichentheorie." (Kjørup 2009: 7)
S. 62: „Beziehungen…eine Erscheinung…Sprachzustands" (de Saussure 2014: 117)
„zweiseitige…auf das…verbunden" (de Saussure 2014: 105)
„Die Idee…Sprachen." (de Saussure 2014: 106)
„kollektive Gewohnheit" (de Saussure 2014: 106)
„Eine Zeichenfunktion…läßt." (Eco 1987: 77)
„Kommt der…die Elemente… bestimmen." (Kjørup 2009: 13)
S. 63: „Ein Zeichen oder Repräsentamen…habe." (Peirce, zit. nach Eco 1987b: 32)
„Das Zeichen…kann." (Eco 1985a: 11, das Zitat im Zitat ist von Peirce)
„vermittelnde Funktion"/ „das, was…wird" (Traini 2013: 196, eigene Übersetzung)
S. 64: „Wenn wir…umreißen." (Traini 2013: 197, eigene Übersetzung)
„bildet somit…Interpretanten." (Traini 2013: 196, eigene Übersetzung)
„in Zeichen…verweisen." (Fröhlich 2009: 217f.)
„unbegrenzte Semiose" (Eco 1995: 427)
„Da der unmittelbare…unendlich ist." (Traini 2013: 197, eigene Übersetzung)
S. 65: „etwas…steht" (Peirce, zit. nach Eco 1987a: 37)
„das Zeichen…Zeichenfunktion" (Eco 1985a: 11)
„keine Opposition…semiosische…Zeichenbegriffs" (Eco 1985a: 11f.)
„Eine allgemeine…Objekt." (Eco 1985a: 27)
S. 66: „Jeder schreibt…Buch" (Eco 1987a: 12)
„Sagen wir…anderen." (Eco 1987a: 16)
„Eigentlich…Verfassungsurkunde" (Eco 1987a: 16)
S. 67: „Ziel dieses Buches….ist…Kommunikationsphänomene." (Eco 1987a: 21)
„etwas materiell…aktivieren." (Traini 2013: 192, eigene Übersetzung)
„ein Prozess…vermitteln." (Traini 2013: 192, eigen Übersetzung)
„Theorie der Codes"; „Theorie der Zeichenerzeugung" (Eco 1987a: 15)
„Die erste…Zeicheninterpretation." (Fröhlich 2009: 165)
„Zeichen sind…kann." (Eco 1987a: 77)
„Zeichen organisiere…die im…Gebilde generieren." (Eco 1987a: 77)
„Die Kenntnis…zu erzeugen" (Fröhlich 2009: 167)
S. 68: Sprechblase: „mit vier… eine Person" (DUDEN, Eintrag „Stuhl");
„(Objekt)… eine Person)" (Eco 1985a: 91)
„uns sagt…übergehen)" (Lorusso 2010: 106f., eigene Übersetzung)
„sehr schwer…was ein…ist" (Eco 1985a: 81f.)
„Vielmehr wissen…sollten." (Traini 2013: 224, eigene Übersetzung)
„Komponentenanalyse…das Spektrum…Umfeldselektion" (Eco 1985a: 108)
„in Ecos… verwoben" (Lorusso 2010: 109, eigene Übersetzung)
S. 69: „lokalen Enzyklopädien"; „Enzyklopädie eines Musikers";
Enzyklopädie eines…Landwirtes"; „als Mitglieder…Kultur"
(Lorusso 2010: 108, eigene Übersetzung)
Sprechblase: „enzyklopädische…werden." (Eco 1987b: 19)
„Als Theseus…zu finden."; „nichts…zu tun." (Eco 1985a: 125)
„Der zweite…werden." (Eco 1985a: 125)
„Ein Rhizom …Punkt…eine offene…werden kann" (Eco 1985a: 126)
„wenn p…zutrifft" (Eco 1985a: 127)
S. 70: „etwas…steht." (Peirce, zit. nach Eco 1987a: 37)
„nur deshalb…wird." (Eco 1987a: 38)

„Ich möchte…steht." (Eco 1987a: 38)
„untere Schwelle" (Eco 1987a: 43)
„Ein Reiz…reizen." (Eco 1995: 290)
„Zeichen…hat." (Eco 1995: 290)
„sozialen Code" (Eco 1995: 290)
„Ein semiotischer…den Code." (Eco 1995: 290f.)

S. 71: „Gesamtkomplex…auf…werden" (Eco 1987a: 47)
„sub specie semiotica" (Eco 1987a: 52)
„Naturgegenstand…Werkzeug"; „um den…zertrümmern"; „denkendes Wesen…die neue…unabhängig…bearbeitet"; „Stein, der…unabhängig…ihn…identifiziert)." (Eco 1987a: 46f.)
„abstrakten *Typus*" (Eco 1987a: 47)
„Gesetz…totaler Reversibilität" (Eco 1987a: 48)

S. 72: „mögliche Funktion"; „eines allgemeinen…abstrakten Typus"; „Unser Australopithecus…stehen." (Eco 1987a: 47)

S. 73: „symbolisches Wesen" (Eco 1977: 108, Eco verweist hier auf Cassirers Definition des Menschen)
„diesem Sinne…austauscht." (Eco 1973: 108)
„Stein…dient"; „Durch…Zeichen." (Eco 1973: 109)
„Der Begriff…beschreiben." (Cassirer 1990: 51).
Sprechblase: „Nachahmungszauber…möchte." (Eco 1977: 110)
„Man hat…betrachtet."; „man…die…stehen" (Eco 1974: 110)

S. 74: „Modell…eine…Rezeptionsbeziehung" (Eco 2019: 15)
„Ecos Anliegen…vermittelt." (Fröhlich 2009: 172)
„Auch der…treffen" (Fröhlich 2009: 176)
„Sobald es…nicht." (Eco 2003: 33)
„die Denkgesetze…ontologischen Strukturalismus… methodologischen Strukturalismus…Strukturen…sind." (Fröhlich 2009: 177f.)
„inferentielle Prozesse…hauptsächlich…ausmachen." (Eco 1985a: 21)

S. 75: „Ein semantisches…einführen." (Eco 1987a: 385)
„organisiertes Weltbild" (Eco 1987a: 385)
„Marsianer…Babies"; „Kannibalismus"; „"Tier-‚Babies'…einer…Spezies" (Eco 1987a: 385f.)
„kritische…Wissenschaft" (Eco 1987a: 386)
„Im Allgemeinen…verabsolutiert." (Eco 1987a: 386, modifizierte Übersetzung unter Berücksichtigung der ital. Ausgabe Eco 2016: 428)
„Theorie der…durch…Systems…auf… loslöst)." (Eco 1987a: 396)
„sozialer Praxis" (Eco 1987a: 398)

S. 76: „Was geht…erzeuge?" (Eco 1987a: 203)
„Typologie…Zeichen" (Eco 1987a: 289)
„vier Typen…Erzeugungsarbeit" (Eco 1987a: 293)
„PSYCHISCHE…ist" (Eco 1987a: 291)
„TYPUS…VERHÄLTNIS" (Eco 1987a: 291)
„zu formende KONTINUUM" (Eco 1987a: 291)
„GLIEDERUNGSMODUS" (Eco 1987a: 291)
„die für…Erkennen…reicht" (Eco 1987a: 289)
„Erzeugungsarbeit" (Eco 1987a: 203)
„akustischen Emissionen" (Eco 1987a: 289)
„quantifizierbare…(types)." (Schöneck 2005: 702)
„ratio facilis"; „ratio difficilis"; „Ausdrucks-Exemplars"; „Ausdrucks-System"; „Ausdrucks-Typ" (Eco 1987a: 245)
„Unterschiede…solange…beeinträchtigen". (Eco 1987a: 243f.)
„der Ausdruck…ist." (Eco 1987a: 245)

S. 77: „homomateriell"; „aus dem…Funktion"; „heteromateriell" (Eco 1987a: 289)
„Erkennen…setzt." (Eco 1987a: 293)
„Ostension…wird." (Eco 1987a: 300)
„um zu…wird." (Eco 1987a: 302)
„Bei der…Eigenschaften." (Eco 1987a: 243)
„denn die…‚spricht'" (Eco 1987a: 320)
S. 78: „der Ausdruck…ist." (Eco 1987a: 245)
„die Korrespondenz……der Typus…existiert." (Eco 1987a: 327)
„Als Erfindung…transformieren." (Eco 1987a: 327)
„keine Vorherige…machen." (Eco 1987a: 327)
„Ausführung…ist" (Pareyson 2024: 64)
„Da Formen…erfindet." (Pareyson 2024: 63)
„akzeptiert zu werden" (Eco 1987a: 338)
„Semiose…treten." (Eco 1987a: 338)
S. 79: „Elemente…sind drei…Abduktion." (Volli 2002: 178f.)
„Meta-Abduktion" (Eco 1995: 314)
„Im Fall…Sack." (Eco 1987a: 186)
S. 80: „gehen wir…vor; „erst dann…haben." (Volli 2002: 179)
„natürlich…irrtumsanfällig" (Volli 2002: 180)
„Was machen…sind."; „zweifache…Operation"; „Wir stellen…irren.";
„gewagter Gedankensprung" (Volli 2002: 180)
„Je größer…sein."; „dauernd…können."; „Die zur…möglich." (Volli 2002: 181)
S. 81: „auf die…Deckels" (Eco 2000b: 8)
„weit man…Irrtum" (Eco 1985b: 210)
S. 82: Sprechblase: „Dass der…muss." (Specht 2021: 289)
„Da das…aufrechterhalten." (Eco 1995: 313)
„kreative Abduktion"/„ex novo…werden" (Eco 1995: 313)
„Konstruktion der Wahrscheinlichkeit" (Volli 2002: 8)
„Universum unserer Erfahrung" (Eco 1995: 314)
„verändert sich…Universum" (Specht 2021: 290)
S. 83: „die Vermutungen…besitzen." (Volli 2002: 182)
„Ein Schüler…regnet." (Volli 2002: 8)
„Etwas als…bezieht."; „etwas als…Kontext" (Volli 2002: 21)
„Kodiertheit…sind Zeichenkriterien…bestimmen.";
„auch Phänomene…werden.";„durch eine…Regel"; „Sobald…erfüllt.";
„von einer…Ursache" (Nöth 2000: 129)
S. 84: „ob der…ist"; „mit dem…steht"; „ob zwischen…besteht" (Volli 2002: 33)
„echtes Zeichen" (Peirce 1998: 43)
„Ein Symbol…wird." (Peirce 1998: 43)
„Ein Zeichen…kennen." (Peirce, zit. nach Eco 1985a: 47)
„entartete Zeichen" (Peirce 1998: 44)
S. 85: „Wenn ich…betrachten."; „als relevant…Prädikationen" (Eco 1985a: 57)
„Tatsächlich…kann." (Eco 1985a: 57f.)
S: 86: „Ein Mann…sein)?" (Eco 1985a: 38)
„Es ist…wird."; „Dialektik…Abwesenheit";
„gemeinsamen Mechanismus" (Eco 1985a: 38)
„In unserem…Frage." (Eco 1985a: 38f.)
S: 87: „Tyrannei des Textes" (Eco 1987b: 149)
„zwar nicht…die semiotischen…anzugeben." (Eco 1987b: 9)
„notwendige begriffliche…um eine…analysieren." (Eco 1987b: 5)
S. 88: „träger Mechanismus…die Mitarbeit…postuliert" (Eco 1987b: 64)
„dessen Interpretation…muß" (Eco 1987b: 64)

„mit Leerstellen...werden." (Eco 1987b: 63)
„textuelle Mitarbeit...aktiven...Lesers." (Eco 1987b: 62)
„Kompetenz...Senders" (Eco 1987: 64)
„ideologische...Empfängers"; „Interpretationshelfer" (Eco 1987b: 66)
„Text hervorbringen...Strategie." (Eco 1987b: 66)
„empirische Leser"; „empirischen Autor"; „Modell-Leser";
„Modell-Autor" (vgl. Eco 1987b: 61–82)
„ein wiedererkennbarer...manifestiert" (Eco 1987b: 75)
„jeder Begriff...kann" (Eco 1987b: 69)
„der Autor...zu ziehen weiß...Er ließt...muß." (Eco 1987b: 71)
„nicht gegenseitig...bedingen." (Eco 1987b: 71)

S. 89: „Interpretation als...intentio lectoris" (Eco 1995: 35)
„Die Initiative...verwerfen." (Eco 1995: 49)
„durch dessen...mehr erfahren" (Eco 1995: 427)
„interpretative Wette" (Eco 1995: 142)
„Szenographie" (Eco 1987b: 21)

S. 90: „inferentielle Spaziergänge"; „sich der Leser...zu finden." (Eco 1987b: 149)
„Spaziergang...wird" (Eco 1987b: 149)
„Die semantische...kann." (Eco 1995: 43)
„seinen Text...hatte." (Eco 1995: 43f.)
„mit der...führte" (Eco 1995: 44)

S: 91: „jede Interpretationshypothese...sein" (Eco 2014: 45)
„So können...Zug wirft." (Eco 2014: 50)
„Referenzpunkt"/„intersubjektiv...Tatsache" (Eco 2014: 37)

S. 92: „Was ist...hervorzubringen?" (Eco 2003: 23)
„primären Indexikalität"/„aus der... zu sprechen." (Eco 2003: 25)
„nicht...Aufmerksamkeit...der...für es)." (Eco 2003: 26)
Sprechblase: „Es ist...muß." (Eco 2003: 25)
„das, was...Kenntnis!" (Eco 2003: 24)
„jene Eigenschaften...wird" (Eco 2014: 38)

S. 93: „gestaltlose Masse"/„Kontinuum...das alles...aus Kontingenz." (Eco 2014: 46)
„Magma des Kontinuums" (Eco 2003: 68)
„Resistenzlinien" (Eco 2003: 65)
„unterschiedlichen...ausgeschnitten"/„gestaltlose Masse" (Eco 2014: 46)
„dass Hjelmslev...hat...Sinn...Bedeutung...Richtung...in ebenjenem...gibt" (Eco 2014: 46)
„Es ist so...anderen." (Eco 2003: 68)
„Es gibt einen ...soll [...]? (Eco 2003: 65)
„Es gibt Momente...NEIN sagt." (Eco 2014: 48)
„Negativen Realismus" (Eco 2014: 51)

S. 94: „hermetische Abdrift...durch dessen...anderes erfahren." (Eco 1995: 427)
„Gesten der Zurückweisung" (Eco 2003: 65)
„Das ständige...Grenzen gibt." (Eco 2003: 65)
„Sobald es...es nicht." (Eco 2003: 33)
„man ein...Repräsentamina)." (Eco 1995: 437)

S. 95: „Was offenbaren...auseinandersetzen." (Eco 2003: 47)
„der immer von...verachten ist." (Asor Rosa 2011: 42, eigene Übersetzung)

S. 96: „darf sich nie...zu werfen." (Eco 1990b: 169)
„eine bestimmte...sie eine...zu suchen." (Eco 2011: 11)

Quelle Graphiken

S. 56: Jakobson 1979: 88, 94.
S. 64: Bonfantini, in: Traini 2013: 197, eigene Übersetzung.
S. 72: Eco 1987a: 47.
S. 80: Eco 1985a: 67.
S. 83: Volli 2002: 21.
S. 87: „Wie der Text den Leser vorsieht." (Eco 1987b: 66)

Bibliographie

Literatur von Umberto Eco:

Eco, Umberto (1977): *Zeichen. Einführung in einen Begriff und seine Geschichte* [1973], übersetzt von Günter Memmert, Frankfurt a.M.

Eco, Umberto (1984): *Apokalyptiker und Integrierte. Zur kritischen Kritik der Massenkultur* [1964], übersetzt von Max Looser, Frankfurt a.M.

Eco, Umberto (1985a): *Semiotik und Philosophie der Sprache* [1984], übersetzt von Christiane Trabant-Rommel und Jürgen Trabant, München.

Eco, Umberto (1985b): „Che bell'errore!" In: *L'Espresso* (31.3.1985), S. 210.

Eco, Umberto (1986): *Nachschrift zum „Namen der Rose"* [1983], Deutsch von Burkhart Kröber, München.

Eco, Umberto (1987a): *Semiotik. Entwurf einer Theorie der Zeichen* [1975], übersetzt von Günter Memmert, München.

Eco, Umberto (1987b): *Lector in fabula. Die Mitarbeit der Interpretation in erzählenden Texten* [1979], übersetzt von Heinz-Georg Held, München.

Eco, Umberto (1988): *Über Spiegel und andere Phänomene* [1985], übersetzt von Burkhart Kroeber, München, Wien.

Eco, Umberto (1990a): *La definizione dell'arte* [1968], Mailand.

Eco, Umberto (1990b): *Platon im Striptease-Lokal. Parodien und Travestien* [1963], übersetzt von Burkhart Kroeber, München, Wien.

Eco, Umberto (1994): *Über Gott und die Welt. Essays und Glossen*, aus dem Italienischen von Burkhart Kroeber, München.

Eco, Umberto (1995): *Die Grenzen der Interpretation* [1990], übersetzt von Günter Memmert, München.

Eco, Umberto (2000a): *Sette anni di desiderio* [1983], Mailand, S. 217-231.

Eco, Umberto (2000b): *Derrick oder die Leidenschaft für das Mittelmaß. Streichholzbriefe 1990–2000*. Ausgew., übers. und eingerichtet von Burkhart Kroeber, München.

Eco, Umberto (2002): *Einführung in die Semiotik* [1972], autorisierte deutsche Ausgabe von Jürgen Trabant, München.

Eco, Umberto (2003): *Kant und das Schnabeltier* [1997], übersetzt von Frank Herrmann, München.

Eco, Umberto (2007): *Im Krebsgang voran. Heiße Kriege und medialer Populismus* [2006], übersetzt von Burkhart Kroeber, München.

Eco, Umberto (2011): *Bekenntnisse eines jungen Schriftstellers. Richard Ellmann Lectures in Modern Literature* [2011], aus dem englischen übersetzt von Burkhart Kroeber, München.

Eco, Umberto (2013): „Gesten der Zurückweisung. Über den neuen Realismus", in: Markus Gabriel (Hrsg.): *Der neue Realismus*, Berlin, S. 33-51.

Eco, Umberto (2016): *Trattato di semiotica generale* [1975], Mailand.

Eco, Umberto (2018): *Il costume di casa. Evidenze e misteri dell'ideologia italiana negli anni sessanta* [1973], Mailand.

Eco, Umberto (2019): *Das offene Kunstwerk* [1962], 14. Aufl., übersetzt von Günther Memmert, Frankfurt a.M.

Eco, Umberto (2021): „Autobiografia intellettuale", in: Sara G. Beardsworth, Randall E. Auxier (Hrsg.): *La filosofia di Umberto Eco con la sua Autobiografia intellettuale*, ital. Ausgabe hrsg. von Anna Maria Lorusso, Mailand, S. 3-71.

Eco, Umberto (2022): „Modelli descrittivi e interpretazione storica" [1963], in: : Claudio Crapis, Giandomenico Crapis: *Umberto Eco e la politica culturale della Sinistra con cinque articoli di Umberto Eco*, Mailand, S. 84-107.

Eco, Umberto (2024): „Pareyson gegen Croce. Die Neuigkeit der Ästhetik von 1954" [2012], in: Luigi Pareyson: *Ästhetik. Theorie der Formativität* [1954], hrsg., übersetzt und eingeleitet von Giovanni-Battista Demarta, Mailand, Udine, S. LXXXIX-CXII.

Literatur zu Umberto Eco:

Beardsworth, Sara G./Auxier, Randall E. (Hrsg.) (2021): *La filosofia di Umberto Eco con la sua Autobiografia intellettuale*, ital. Ausgabe hrsg. von Anna Maria Lorusso, Mailand.

Crapis, Claudio/Crapis, Giandomenico (2022): *Umberto Eco e la politica culturale della Sinistra con cinque Articoli di Umberto Eco*, Mailand.

Fedriga, Riccardo (2023): „Modi di formare e impegno: attualità di Opera aperta", in: Umberto Eco: *Opera aperta. Forma e indeterminazione nelle poetiche contemporanee. Nuova edizione con i materiali preparatori dell'autore*, hrsg. von Riccardo Fedriga, Mailand, S. 323-371.

Fröhlich, Grit (2009): *Umberto Eco. Philosophie – Ästhetik – Semiotik*, München.

Kroeber, Burkhart (1994): „Nachwort zur deutschen Ausgabe", in: *Umberto Eco: Über Gott und die Welt. Essays und Glossen*, aus dem Italienischen von Burkhart Kroeber, München, S. 297-298.

Lorusso, Anna Maria (2008): *Umberto Eco. Temi, problemi e percorsi semiotici*, Rom.

Mersch, Dieter (2021): „Das offene Kunstwerk (Opera aperta)", in: Schilling (2021), S. 49-58.

Nerlich, Michael (2010a): *Umberto Eco. Die Biographie*, Tübingen.

Nerlich, Michael (2010b): *Umberto Eco,* Reinbeck.

Paolucci, Claudio (2017): *Umberto Eco. Tra Ordine e Avventura*, Mailand.

Roselli, Antonio (2021): „Schriften zu Politik und Zeitgeschichte", in: Schilling (2021), S. 269-285.

Schalk, Helge (2021): „Schriften zur Interpretationstheorie", in: Schilling (2021), S. 113-129.

Schilling, Erik (Hrsg.) (2021): *Umberto Eco Handbuch. Leben – Werk – Wirkung*, Berlin.

Specht, Magdalena (2021): „Abduktion(sprozesse)", in: Schilling (2021), S. 289-292.

Traini, Stefano (2013): *Le basi della semiotica*, Mailand.

Weitere Literatur und Nachschlagewerke:

Adorno, Theodor W. (2003a): *Gesammelte Schriften Bd. 7. Ästhetische Theorie* [1970], hrsg. von Rolf Tiedemann unter Mitwirkung von Gretel Adorno, Susan Buck-Morss und Klaus Schultz, Frankfurt a.M.

Adorno, Theodor W. (2003b): *Gesammelte Schriften Bd. 4. Minima Moralia* [1951], hrsg. von Rolf Tiedemann unter Mitwirkung von Gretel Adorno, Susan Buck-Morss und Klaus Schultz, Frankfurt a.M.

Asor Rosa, Alberto (2011): *Le armi della critica. Scritti e saggi degli anni ruggenti (1960–1970)*, Turin.

Baumgarten, Alexander Gottlieb (1983): *Texte zur Grundlegung der Ästhetik*, übersetzt und herausgegeben von Hans Rudolf Schweizer, Hamburg.

Bertram, Georg W. (2000): „Ästhetik der Offenheit“, in: Tom Kindt, Hans-Harald Müller (Hrsg.): *Ecos Echos. Das Werk Umberto Ecos: Dimensionen, Rezeptionen, Kritiken*, München, S. 109-134.

Bobbio, Norberto (1955): *Politica e cultura*, Turin.

Cassirer, Ernst (1990): *Versuch über den Menschen. Einführung in eine Philosophie der Kultur* [1944], aus dem Englischen übersetzt von Reinhard Kaiser, Hamburg.

de Saussure, Ferdinand (2014): *Cours de linguistique générale. Studienausgabe in deutscher Sprache*, hrsg. von Peter Wunderli, Tübingen.

Ficara, Elena (2015): „Einleitung“, in: Dies. (Hrsg.): *Texte zur Hermeneutik. Von Platon bis heute*, Stuttgart, S. 10-22.

Gadamer, Hans-Georg (1990): *Wahrheit und Methode. Grundzüge einer philosophischen Hermeneutik* [1960], durchgesehene und erweiterte Ausgabe, Gesammelte Werke, Bd. 1., Tübingen.

Giuliani, Alfredo (2003): „Prefazione 1965“ [1965], in: Ders. (Hrsg.): *I Novissimi. Poesie per gli anni 60*. Nuova Edizione, Turin, S. 4-12.

Guglielmi, Angelo (2013): „Avanguardia e sperimentalismo“ [1963], in: Nanni Balestrini et al. (Hrsg.): *Gruppo 63. L'antologia – Critica e teori*a, Mailand, S. 861-870.

Hofmannsthal, Hugo von (2019): *Der Brief des Lord Chandos* [1902], hrsg. von Fred Lönker, Stuttgart.

Jakobson, Roman (1979): „Linguistik und Poetik“, in: Ders.: *Poetik. Ausgewählte Aufsätze 1921–1971*, hrsg. von Elmar Holenstein und Tarcisius Schelbert, Frankfurt a.M., S. 83-121.

Kjørup, Søren (2009): *Semiotik*, übersetzt von Elisabeth Bense, Paderborn.

Lorusso, Anna Maria (2010): *Semiotica della cultura*, Rom, Bari.

Marx, Karl (1962): *Das Kapital. Kritik der politischen Ökonomi*e [1867], in: Ders./Friedrich Engels: *Werke, Bd. 23*, Berlin.

Nöth, Winfried (2000): *Handbuch der Semiotik*, 2., vollständig neu bearbeitete und erweiterte Auflage, Stuttgart, Weimar.

Pareyson, Luigi (2024): *Ästhetik. Theorie der Formativität* [1954], hrsg., übersetzt und eingeleitet von Giovanni-Battista Demarta, Mailand, Udine.

Peirce, Charles Sanders (1998): „Neue Elemente“, in: Dieter Mersch (Hrsg.): *Zeichen über Zeichen. Texte zur Semiotik von Charles Sanders Peirce bis zu Umberto Eco und Jacques Derrida*, München, S. 37-56.

Rebentisch, Juliane (2017): *Theorien der Gegenwartskunst*, Hamburg.

Reisser, Ulrich/Wolf, Norbert (2003): *Kunst-Epochen. Bd. 12: 20. Jahrhundert II*, Stuttgart.

Schöneck, Werner (2005): Art. „Type-token-Relation", in: Helmut Glück (Hrsg.): *Metzler Lexikon Sprache*, 3., neubearbeitete Aufl., Stuttgart, Weimar.

Trabant, Jürgen (1996): *Elemente der Semiotik*, Tübingen, Basel.

Vattimo, Gianni (2000): *Vocazione e responsabilità del filosofo*, hrsg. von Franca D'Agostini, Genua.

Volli, Ugo (2002): *Semiotik. Eine Einführung in ihre Grundbegriffe,* übersetzt von Uwe Petersen, Tübingen, Basel.

Online-Quellen:

www.duden.de

https://www.spektrum.de/alias/lexikon/metzler-lexikon-philosophie/1570920

Grundlage für einige Ausführungen bildet der Artikel Roselli (2021), aus dem z.T. Textstellen übernommen und überarbeitet wurden.

Antonio Roselli dankt den Teilnehmer*innen am Seminar „Was heißt es, ein Kunstwerk zu interpretieren? Zu Umberto Ecos ‚Das offene Kunstwerk'", das er im Wintersemester 2024/25 an der Otto-von-Guericke-Universität Magdeburg im Programm „Studieren ab 50" gehalten hat. Ihre kritischen Rückfragen haben zur Entstehung dieses Buches beigetragen.

Ansgar Lorenz und Antonio Roselli danken Henning Siekmann für die langjährige Betreuung der Reihe „Philosophische Einstiege" und für die herzliche Zusammenarbeit.

Der Autor

Antonio Roselli arbeitet seit 2018 am Zentrum für wissenschaftliche Weiterbildung der Otto-von-Guericke-Universität Magdeburg als Koordinator für das Programm „Studieren ab 50". Zuvor war er wissenschaftlicher Mitarbeiter am Institut für Germanistik und Vergleichende Literaturwissenschaft der Universität Paderborn, wo er 2016 mit einer Arbeit über das Verhältnis von Handlung und Kontingenz im Drama des Vormärz und des Realismus promoviert hat. Er forscht und publiziert u.a. zu Ernesto de Martino, Walter Benjamin, Umberto Eco und Theodor W. Adorno. In der Reihe „Philosophische Einstiege" hat er bereits die Bände zu Walter Benjamin und Jean-Jacques Rousseau verfasst.

Der Zeichner

Ansgar Lorenz ist in Hannover geboren. Er hat Illustration und Grafik Design in Leipzig und Münster studiert. Seit 2014 lebt und arbeitet er als freiberuflicher Illustrator in Mannheim.

Derzeit beschäftigt er sich überwiegend mit politischen und gewerkschaftlichen Themen, ist aber auch popkulturell interessiert. Für Brill | Fink gestaltet er seit 2012 die Reihe „Philosophische Einstiege".

Weitere Informationen im Web unter:
www.ansgarlorenz.de